ルポ

女子大生風俗嬢

中村淳彦

宝島
SUGOI
文庫

宝島社

はじめに

2020年6月、水商売と風俗の惨状をルポした『新型コロナと貧困女子』（宝島社新書）に続き、筆者は再び緊急事態宣言中に取材することになった。今回のテーマは女子大生風俗嬢である。

この十数年、大学キャンパスは貧困の巣窟だ。学生たちは日本が選択した新自由主義路線によって、あらゆる方向から割を食っている。具体的には雇用政策による親の収入減、学費の高騰、親の無理解による給付放棄、そんななかでコロナショックに襲われている。ただでさえ苦しいなかでオンライン授業を強制され、生活のかかったアルバイト先はなくなり、楽しみにしていた成人式は奪われ、それでも容赦なく高額な学費納入を迫られている。

貧困と夜の街は密接につながっている。だいぶ前から夜の街は学生だらけとなっている。勉強よりまず生活費を稼ぐことを求めたことによって、学生たちは大挙して夜の街に流れた。しかし、濃厚接触を売る夜の街も、新型コロナの影響を大いに受けている。三密状態になる水商売は営業ができなくなり、執拗にクラスターを報道され、感染者の感染経路となったことで夜の街からいっせいに人が引いた。夜の街で働く学生たちの現状は、今いったいどうなっているのだろうか。

筆者は長年、風俗嬢、また売春的な行為をする女性の取材をしている。その理由は、彼女たちが社会の現状を投影しているからだ。社会のありようは政治・経済に影響され、そして女性たちが裸になる理由につながる。社会、政治・経済、裸の女性はトライアングルになっていて、彼女たちの語りから社会の欠陥が見えてくる。

戦後の日本で戦争未亡人の売春が大流行したように、売春的な行為には貧しさが前提にある。社会が安定しているときに行われる売春は、過剰な消費や男に騙《だま》されたというような自己責任的な理由が増える。逆に社会が不安定なときは、就業する女性や学生が生活のために従事する傾向がある。コロナ禍以後の状況は圧倒的に後者である。

今、風俗嬢に女子学生があまりに多い。仮にリアルなデータがとれれば衝撃的な結果となるはずだ。男女関係なく、学生は親の協力や給付がなければ一網打尽に困窮状態となる。困窮する学生は空腹で飢えるわけでも、汚い服を着ているわけでも、スマホを持っていないわけでもない。その苦しさは可視化されない。見えないので親の協力がある恵まれた学生や、大学関係者は身近な隣人の過酷な現実を理解できない。もうひとつ、風俗嬢は社会からの差別や偏見が強い職業なので閉鎖性が強いことも理由だ。誰もが人に隠しながら働いている。隠れて姿を見せない。

緊急事態宣言中の2021年2月、風俗関係者や現役学生、エンタメに強い担当編者など様々な協力の下で女子大生風俗嬢たちに会ってきた。当時、日本で何が起こっていたのか？　彼女たちの語りから見えてくるはずだ。

中村淳彦

目次

はじめに……3

第一章 毒親チルドレン

「大学生なので風俗で働くのは仕方ないです」……14
ソープランドの個室でオンライン授業……16
精液まみれになり1時間6000円の報酬……18
ヘルスよりソープのほうが楽……20
成人式が中止でソープランドに出勤……22
私立に行く＝風俗で働く……24
半年ごとに55万円を母親に「返済」……27
学費も家賃も食費もすべて自分で稼ぐ……29
賃金は下がり、学費と消費税は上がり続ける……31
デリヘルの登場と女性のデフレ化……32

進学校出身、夢は学校の先生……35
恋愛経験のない処女が風俗勤務……37
子どもの学費を負担したくない親が増加……38
想像できなかった精神的ダメージ……41
処女喪失は〝本番強要〟……43
風俗→ファストフード→風俗……45
父親は75歳、母親は45歳のフィリピン人……47
機能不全家族……49
「両親は私のことはどうでもいい」……52

第二章　スカウトされた女たち

平成は日本が衰退した時代……56
父親の介護がきっかけで精神崩壊……58
スカウトマンが「お金は特効薬」……61
ソープでは血が出るまで手マン……63
大学で飛び降り自殺未遂……65
渋谷で待っていたのは有名ＡＶ女優……68

東京に来た瞬間から金欠……71
スカウトマンの手練手管……73
お嬢様学校と校則違反……74
体験入店の時給5000円に感動……77
デリヘルとおっパブのダブルワーク……81
冬休みだけで100万円を稼ぐ……83
「お前はどうせ底辺の女だし、金のためになんでもやるんだろ」……85
お金は得たが、夢はなくなった……89

第三章　最底辺風俗嬢

東京の風俗「最終地点」……92
ピンサロもオナクラもそんなに稼げない……94
学費として毎月10万円を母親に……96
父親は借金、母親は精神疾患……98
母親が奨学金をフルで借りた……100
奨学金が批判される理由……103
辻褄が合わない母親の「返済計画」……105

楽しいことなんて何もないし、ツラいだけ……107
新型コロナで死に体の下層風俗嬢……110
時給2300円、16時間連続勤務……112
太っているので単価が高いところは無理……114
卒業しても風俗続けます……116

第四章 性を売るエリート学生

慶大生「夜職」の実態……120
松坂桃李似のイケメン……122
やっていることは普通じゃない……124
実家が地震で被災し仕送りがストップ……126
ホストクラブに体験入店……128
「大根の泥を落とす」感覚で客のペニスを洗った……131
人気ウリ専ボーイ……134
女性との恋愛が面倒になった……135
歌舞伎町は女性のお金でまわっている……137
父親のリストラとコロナショック……140

親の経済的負担をなくしたい……142
童貞が歌舞伎町のホストに……144
中年男性「貧困化」の影響……146
ホストクラブはホモソーシャルな世界……147
マッチングアプリで客探し……149
「真面目な努力家」の本領発揮……151
女性とセックスするのが……ツライ……153
ホスト漬けの1年で得たのは100万円の貯金……155
「高級ソープで働いています。総額9万円のお店です」……157
学資保険の200万円は父親の借金返済に……159
風俗の存在さえ知らなかった……161
〝本強〟地獄だった錦糸町のデリヘル……163
会員制交際クラブで「強姦」被害……165
新型コロナで大衆ソープは壊滅……167
120分で3万5000円の報酬……169
風俗ヒエラルキーの頂点を極める……172

第五章　パパ活女子たちの生存戦略

「パパ活」とは何か……176
学費は奨学金、3つのバイトを掛け持ち……179
「食事だけ」で2カ月25万円の収入……183
根掘り葉掘り聞く男性は警戒……185
パパ活カップルがあちこちに……187
卒業時に奨学金で700万円超の負債……189
条件はお茶で1万円、食事で2万円……192
中年男性はあらゆる関係の対象外……194
大学生の貧困＝団塊ジュニア世代の貧困……197
「好きになる要素がない。ゼロ、皆無」……200
意識高い系パパ活女子……202
ネットワークビジネスでの借金……207
パパ活は〝自己実現〟のため?……209
パパ活セックスと90万円……211
自己肯定感の低いセフレ体質……214
35歳以上とのセックスはお金をもらう……217

高校1年のとき5万円で処女を売った……221
偏差値38の高校を退学……224
セックスの気持ちよさがわからない……226
さびしい気持ちを埋めるため……229

第六章　ハダカになる母親たち

お母さんはデリヘル嬢……232
夫のリストラと精神疾患……234
5万円のギャラでAV出演……236
保険のセールスレディを掛け持ち……238
ゴム付き2万円、生中出し3万円の「パパ活」……240
結婚18年目の夫婦の「事情」……242
「旦那がバカなので、私が頑張るしかない」……244
「子どもが大学と言い出したとき、もう水商売しかない」……247
お金がないから相手は選んでない……249
9割以上の家庭が入学費用負担は「重い」……251
現実的な解決策は「自宅外通学」の断念……253

[装幀]妹尾善史(landfish)
[本文デザイン&DTP]武中祐紀
[編集]片山恵悟(スノーセブン)

第一章

毒親チルドレン

「大学生なので風俗で働くのは仕方ないです」

2021年2月1日。札幌の気温は氷点下、凍てつく寒さだが外はまぶしいくらいの晴天だ。オンラインミーティングの画面の向こうにある部屋の窓から、強い自然光が差し込んでいる。松本未来さん(仮名/20歳)は札幌市内にある私立大学2年生。アルバイトでソープ嬢をしている。今は一人暮らしをするマンスリーマンションから配信をしている。

オンラインミーティングはメールで時間を決めて、お互いが接続してつながる。未来さんとは午前11時半からとした。時間どおりにつながって画面に現れた未来さんは、若手女優の清原果耶《きよはらかや》似、優等生系の美少女だった。筆者は予想以上に清楚《せいそ》でかわいい女の子が現れてため息をついた。

大学生の貧困が社会問題となって、もうだいぶ経《た》つ。

与野党の一部の国会議員たちも大学生たちの貧困を問題視し、なんとかしなければと動いてはいるが、学生たちの過酷な状況が改善される雰囲気はない。大学は毎年、新入生が入学して卒業生が社会に羽ばたいていく。そんな間にも大学に入学した女子学生たちが続々と性風俗に流れる傾向はとどまることはなく、さらに加速している。

未来さんは大学紹介のパンフレットに出てくるような清楚な学生らしい風貌で、体育会系の部活に所属し（活動は土日のみ）、語学の研究に取り組んでいる。しかし、学生生活における経済的理由のため、空いた時間のほぼすべてをソープランドの個室で過ごしている。

「高校の卒業式が終わってすぐヘルスで働いて、半年くらい前にソープに移りました。ずっと仕事ばかり。コロナでリモート授業だし、お店と家を行き来しているだけの生活です。キツイこともありますけど、大学生なので仕方ないです」

もうだいぶ前から、風俗店は現役女子大生だらけである。どこの店にもいる。全国的な傾向で、若い女の子を売りにする一般的な風俗店には、必ずと言っていいほど現役女子大生が複数在籍している。

彼女たちは狭い個室やラブホテルで、不特定多数の男性を相手に裸になって性行為を売っている。大半が学生生活における経済的理由が要因だ。親からの仕送りとアルバイト代では大学生活を送るためのお金が足りず、苦渋の選択として性風俗を選択している。性風俗では若さという価値が認められる、労働単価が高い、そして自由な時間に出勤できる、と女子学生にとっては〝メリット〟が大きい。

彼女たちが風俗で働く目的は学生生活の維持のためなので、もはや部活やサークルみたいなものとなっていて、優等生／劣等生、派手／地味、社交的／内向的など、個人の性格や属性が偏ることなく、あらゆるタイプの学生が風俗嬢になっている。

ソープランドの個室でオンライン授業

取材開始早々、未来さんから「大学生なので仕方がないです」と重い言葉を聞かされた。お金がかかる大学進学を選択したのは自分自身、だから風俗店に勤務してカラダを売るのは仕方がない、ということだ。政府は緊縮財政の一環として「高等教育の受益者負担」の方針を推進している。その方針が弱冠20歳の女の子に自然と身に付いていたことになる。

「今、大学は春休みなので週5～6日で出勤しています。14時から閉店の24時まで、ほぼ毎日。稼いだ金額は先月75万円、先々月は50万円くらいかな。去年、お母さんに風俗していることがバレて実家を出て、今は一人暮らしです。親とは半分絶縁みたいな状態なので、学費のほかに生活費が必要になった。もう休みの期間中は限界まで働くしかないです。私立なので学費が年間110万円、残り2年間あって220万円必要で、時間があるときに働いて貯金したいってことでの鬼出勤です」

おそらく彼女が現役ソープ嬢とは誰も思わないだろう。大学では体育会系の部活に所属し、グローバルビジネスの研究をして、文武両道の学生生活を送っている。大学の授業期間中は土日の部活帰りから閉店まで、休み期間中はほぼすべての時間を風俗店の個室で過ごしている。店から頼まれたときは授業期間中でも出勤し、ソープランドの個室でオンライン授業を受けることもある。

「最初は店舗型ヘルスで働きました。若い子だったら学園系とか、メイドさんのお店とかある。高校3年のとき、国立に落ちたら私立、私立に行ったら風俗やるって決めていました。それまでの男性経験は一人だけです。経験はほとんどないけど、なんとかなるって自信はありましたね。実際にやってみて、キツイけど、やっぱりお金もらえるのがすごくうれしかった。精神的にもダメージのある仕事でしたけど、お金もらえるっていうのと、お金が貯まる、大学に行くことができるっていうのがすごい、私にとって幸せだった。だから続けています」

店舗型ヘルスでの収入は10分1000円単位。60分コースだったら6000円のバックだったという。すすきのの風俗店はそもそも全体的に客単価が高くないので、女性の報酬も安めに設定されている。未来さんは当事者なので風俗、ソープランド――とサラッと語っているが、実際はかなり厳しい仕事だ。

精液まみれになり1時間6000円の報酬

みなさんに現実を理解してもらうため、彼女が日常的にしているだろう具体的な行為に触れておく。

店舗型ヘルスは、ベッドだけがある3畳程度の狭い個室でサービスを提供する。受付と支払いを済ませた男性客を、女性が個室に招く。指名制度もあり、特定の女性を指名する場合は指名料がかかる。女性は適当に雑談しながら男性客の服を脱がせて、自分も脱いでいく。人によるがここで女性は肉体を触られまくる。会って3分～5分ほどで男性客も女性も全裸になる。

一緒にシャワー室に入り、女性は男性客の身体を洗う。紳士的な男性、エロモード全開の男性の割合は半々だろうか。シャワーが終わり、一緒に個室に戻り、男性客は仰向けになって女性からキス、男性の身体を舐《な》める全身リップ、陰部を舐める生フェラチオ、店によってはアナル舐めなどをする。盛り上がってきたところで攻守交代し、男性客は陰部を含む女性の肉体を舐めまくり、最後は女性が股間に手を添えて疑似的なセックス（素股）をして射精に導く。女性の手と身体は精液まみれになり、それを洗い流し、また新しい男性客を招く。そんな感じだ。

60分間で一人の男性相手にこれだけのサービスを提供して6000円の報酬である。すすきののような昔ながらの有名な風俗街の店舗型風俗店は、客付きがよく、この行為を一日何度も繰り返す。長時間勤務し、仮に一日8人の男性とこの性行為を繰り返すと、6000円×8人＝4万8000円の収入となる。風俗は完全出来高制の日払いが基本であり、毎日、稼いだお金を店から受け取って帰路につく。

未来さんが最初に働いたのは、学園系のヘルス店だった。風俗店は働く女性の年齢や傾向によって細かくジャンル分けがされていて、彼女のような清楚な女性はロリ系、学園系などでニーズがある。

「セーラー服とかブレザーとかを着てました。やっぱりマニアックなお客さんが多くて、正直気持ち悪かった。制服とか好きな人は、みんな40代、50代くらいの方です。親と同じくらいの年齢ですね。ひたすら足だけを舐められたり、パンツの匂いを嗅がれたり、変なプレイをする人もたくさん。それと会ったばかりなのに何々ちゃん大好きだよ、みたいなことを本気で言ってくる人もいました。何を考えているの、おじさんって。父親くらいの年齢の知らないおじさんに、真剣に冗談ではなく、大好きだよとか、そういうのは精神的にきます」

ヘルスよりソープのほうが楽

清楚でおとなしく、優等生っぽい女の子は中年のいわゆる非モテ層に好かれる傾向がある。一般的に「キモい」と呼ばれがちな中年男性だ。彼らの性処理だけではなく、恋愛対象にもなったりする。また、気が強くない女性や子どもに強く出るタイプの男性客も一定数いる。反撃されそうにない女の子は、そのような男性からのハラスメントも受けやすい。非モテ層の中年男性をうまく転がす女子も多いが、ロリ系、学園系で働く女の子たちは同じ風俗の仕事でも、嫌なことや我慢しなければならない場面が多い。

「好き、大好き、付き合ってほしいとか、そのとき未成年の私に本気で言ってくるおじさんって、どういう人生歩んだらそうなるのって思いました。毎日、毎日通ってプロポーズしてくる人もいて、親より年上の人から向けられる感情ってなんか変な気持ちになる。怖いし、しんどい。あと、本番強要ばかりっていうのもあって、疲れてしまって大学2年に進級したときにソープに移りました」

すすきののソープランドは有名だ。客の支払いが1万~1万5000円程度の安価な店が繁華街に点在し、老舗の格安ソープ街として全国区の知名度となっている。

「ヘルスよりソープのほうが楽。ヘルスだと本番ないから、口とか手で抜かなきゃならない。だから、体力的にキツい。顎は疲れるし、足が痛くなったり。本当に体力的にキツくて。ソープランドをやってみたらもうすごく楽でした。コンドームつけてヤッちゃえば、あとは相手が頑張ってくれる。だから、卒業までこのままソープで働こうと思っています」

ソープランドは代表的な店舗型風俗で、先ほど伝えた店舗型ヘルスの行為に加えて、マットプレイや本番セックスをする。風営法では〝ソープランド〟と明記されて認められている存在だが、本番提供をするので売春防止法に違反している。法的にグレーな業態で、ソープ嬢と男性客のセックスは〝自由恋愛〟という建前で「管理売春ではない」ということになっている。また、ソープ嬢が手にするお金は源泉徴収税が引かれない〝地下マネー〟であり、ほとんどの女性は税金を払っていない。

成人式が中止でソープランドに出勤

未来さんは現在、春休み中なので週6日出勤しているという。毎日、毎日、見知らぬ親世代の中年男性客とずっとセックスしている日々なのだ。

先日、20歳になった。2021年1月10日、彼女は久しぶりに中学と高校の同級生たちに会える成人式を楽しみにしていた。一生に一度のことなのでお金を使おうと、晴れ着の準備と美容院の予約をした。しかし、新型コロナウイルス感染症のリスク回避のために式典は中止になり、いつものようにソープランドに出勤。祭日だったので店は男性客でにぎわい、出勤から閉店まで6人の客が付いた。感染症対策で一生に一度の舞台が奪われたうえに、その当日に見知らぬ男性とセックスする自分の日常と現実にため息が出たという。

「自分は何しているのだろう？　って、よく思います。成人式の日は変なお客さんが多かったこともあって、すごく落ち込みました。学校の友達とか部活の仲間とかは、普通のレストランとか居酒屋とかのバイトでなんとかやりくりしているわけじゃないですか。でも私はこうやって一日何時間も働いて、おじさんの相手して、いつも裸で全身を舐められたりして、何しているんだろうって。まともじゃない生活しているなーって悲しくなるときは、めっちゃありります」

彼女は「お金がかかる大学生をしているのだから、自分がカラダを売るのは当然」という感覚がある。高校を卒業してすぐに性的な経験がほとんどないまま風俗嬢になり、「カラダを売る＝大学生であること」なので、悲しくなることはあっても風俗嬢であることに迷いはない。それしか選択肢がないということだ。

どうしてこのような厳しいことになるのか。彼女がしたことは、ただただ大学に進学しただけである。

私立に行く＝風俗で働く

両親は地方公務員（北海道職員）だという。共稼ぎで世帯年収は1200万円を超える上流層の家庭だった。父親はお金にダラしなく、両親はお金のことでいつも喧嘩《けんか》していた。母親は、未来さんが子どもの頃から、口癖のように「お金がない」と言っていた。

「高校1年生のときから両親は離婚の話し合いをしてました。財産分与かなんかで揉《も》めに揉めて、離婚調停をしてずっと長引いた。結局、去年（20年）11月にお母さんが負ける形で離婚が決まったみたい。子どもの頃から、お母さんはお金がない、お金がないっていつも言っていて、大学は私立なんて行かせられないって。絶対に国立に行きなさいって。だから北海道大学に落ちたとき、これからは自分で全部やらなきゃって思いました」

世帯収入が高い家庭は、そのすべてが子どもの教育費を負担するわけではないのだ。それぞれの家庭の方針がある。夫婦関係が破綻していた彼女の家庭は、父親は娘の教育に興味がなく、母親は大学の学費はすべて本人が支払う（受益者負担）考えだった。

高校3年の2月、北海道大学に落ちたことで進路が決まった。大学に納入するお金の管理はすべて母親がやっている。まず母親は信用金庫から教育ローンを借り、初年度納入金を支払った。そのとき借りた150万円は、卒業後に毎月分割で母親に返すように言われている。

母親が考えた大学進学における学費プランは、学費納入のある9月と3月までに引き落とされる各55万円を未来さんが母親に現金か振り込みで渡す。そのお金は未来さんがすべてアルバイトをして稼ぐことを言われている。日本学生支援機構の奨学金はダブルローンになるので母親の方針で借りていない。

未来さんは口癖のように「うちにはお金がない、学費は自分で」と言い続けた母親の気持ちを汲《く》み、北海道大学に不合格となり、私立大学に合格した瞬間に風俗で働くことを決めた。札幌育ちなので風俗の存在だけは知っていた。高校卒業式の翌日、あらかじめインターネットで探して目をつけていた風俗店に面接に行った。

「両親は私が小学生の頃から別居していて、高校の学費も、大学の入学費とか授業料もお父さんとお母さんで折半だった。けど、お父さん側とまったく連絡が取れなくなって、裁判が進まないとか、お金を支払ってくれないとかあったみたいで、学費は全部アルバイトで稼ぎなさいって。両親がずっと裁判で争っているのを見ていたし、学費も私が全部払っているんだけど、母親が父親からお金をもらっているかもしれないし、よくわからない。なんか、もう親は頼れない、全部自分でやろうって思いました。大学でかかる教科書代とか授業料とか、親同士が折半ってなっている。お母さんがお父さん側に教科書代何万円、授業料何万円払ったので何円払ってください、みたいな請求するんです。お母さんはいちいち、教科書代何円かかった？かかって、大学でかかったお金をすごく聞いてくる。煩わしくて心からウンザリ、かかわりたくないって思った」

半年ごとに55万円を母親に「返済」

学費は母親経由で支払っているので、実際にいくらかかっているのか、どれくらいローンを借りているのか、まったくわからないという。そんななかで夫婦関係が破綻して、もはや親子の縁すら鬱陶しく思っている父親。自分は負担しないのにお金のことしか頭にない母親。泥沼の裁判を眺めながら両親の本心が見えた。

母親は高校を卒業したばかりの娘に半年ごとに55万円、それに卒業してから150万円の返済を突きつけている。現実感がなく、ただただ大きなお金ということはわかる。実際、札幌市内の普通の学生バイトで稼げる金額ではなく、風俗しか選択肢がないという現在に至っている。

「風俗嬢になったばかりの頃、正直、嫌なことばかりで精神的におかしくなりそうなこともありました。でも、お母さんは私のことは何も気にしてない様子で、話しかけてくるのは教科書代がいくらかかった？　とか、お金のことばかり。私も母親への気持ちとか、家族ってことにどんどん冷めてきて、最終的には私には関係ない人たちというか、一応親だけど何も頼れないって。そんな感じです」

母親は収入があっても、娘の学費を負担するつもりはない。受益者負担という国の方針を家庭に持ち込んで、自分自身の負担を回避したといえる。お金があったとしても高額な学費を負担したくないのだ。

北海道職員の平均年収は625万3588円（2020年）、母親は年齢が50代前半なのでこの平均年収よりもだいぶ高いはずである。そんな社会的強者の母親は娘の学費負担を回避して、所得税すら支払ったことのない、高校を卒業したばかりの娘にそれを突きつけた。

彼女はそれを当然のこととして受け入れ、自分で高額学費を負担する覚悟から始まって、価値が認められる若い肉体を売ることを選択し、家族に嘘をつき、母娘の距離はどんどんと離れた。家族は崩壊することになった。

「母親にいちいち報告するのがすごくしんどくて、もう両親にかかわりたくないと思った。風俗の出勤日数を増やして、それで教科書とか全部自分で買った。お母さんには教科書は先輩にもらった、って嘘をつきました。お母さんはお父さんに、私の養育費を1円でも多く請求したい。娘の教育費は折半みたいな約束があるみたいで、だからいちいち聞いてくる。それと裁判で必要だからって、バイトのお金が入ってくる通帳を見せてほしいってなった。ネットカフェでバイトって嘘ついていて通帳を見られたらバレる。なんとか切り抜けようって思ったけど、しつこく問い詰められて面倒くさくなった。自分から風俗のことを言って、黙って家を出ました。親が仕事に行ったあと、荷物をまとめてこのマンスリーマンションに入った。家出です」

学費も家賃も食費もすべて自分で稼ぐ

話を聞く限り、母親は父親に娘の教育費を請求するが、母親自身はその負担はしていない。父親が約束どおりに教育費を負担していたとき、母親の懐にそのお金が流れている可能性が高そうだ。お金にこだわり、矛盾する一つひとつに娘はウンザリして心が離れた。

繁華街の中にあるマンスリーマンションは、家賃8万円。未来さんは学費だけでなく家賃も食費も、すべて自分で稼ぐと腹をくくった。母親は頼れない、実家には帰らない、もう二度と一緒には住まない——と決めた。中年男性たちにあらゆる性的行為をされる日常は、本当にツラかった。でも、もう母親を頼れないと思うと、どんな仕事だろうとお金になるからいいと思えた。

「母親からめちゃくちゃ電話きたけど、ずっと無視しました。もう夜の仕事を怒らないから帰っておいで、って言われて一度帰った。そのときは怒られたりはしなかった。でも、しばらくしてから援助交際とか売春とか、恥ずかしい、情けないっていろいろ言われて。人に言えないような仕事だったらやめなさい！ って」

しかし、娘の風俗勤めが明るみになっても、母親は「自分が学費を負担する」とは言わなかった。

「大学続けるためにそれしか選択肢がない。なのに、だからやっているのに、やめなさいってだけ。話にならないと思ったし、もう、かかわりたくないと思った。それでまた家を出て、この部屋に戻ってきた。もう帰るつもりもないし、卒業しても母親と暮らすつもりもないです」

コロナ禍、実家には一度も帰らなかった。先日、久しぶりに母親から電話がかかってきた。

「学費の引き落としが近いから、お金を私の口座に振り込みなさい」

母親は、そんなことを言っていた。

賃金は下がり、学費と消費税は上がり続ける

この20年間で、ほとんどの人たちは貧しくなった。名目賃金も実質賃金も、1997年をピークにどんどん下落している。

現在の大学生たちの苦境の理由を簡潔にいうと、世帯収入が下落して親からの給付が減るなかで学費は上昇、そして、どんどん上昇する消費税で物価も上がった。そんな悪条件のなかで受益者負担を迫られ、国が率先するその方針に多くの親たちが乗り、国と親がこぞって高額な経済的負担を未成年の子どもに求めたことにある。

子どもたちに用意されたのは、学生ローンと呼ばれる日本学生支援機構による大

学奨学金であり、親にお金がなければあなたが借金を抱えてください、というシステムになっている。

未来さんの祖父母にあたる団塊《だんかい》の世代、そして親世代のバブル世代や団塊ジュニア世代の人々が学生時代は、苦学生が美化されて「若い頃の苦労は買ってでもしろ」などと呑気《のんき》なことを言っていた。親世代が自分たちの時代の感覚で子どもに苦学生をさせている間に、企業主導の雇用の非正規化や業務委託が整備され、学生アルバイトはきれいに低賃金となっている。勉強の合間にどんな仕事をしても必要なお金を稼ぐことができないため、平成以降型の苦学生は「価値が認められる若い肉体を売るしか選択肢がない」という究極の状況に追い込まれている、といえる。

デリヘルの登場と女性のデフレ化

「私は高校卒業したと同時に始めました。デリヘルです」

そう語るのは兵庫県在住、通信制大学1年生の松下萌さん(仮名/20歳)。

オンラインミーティングの画面に映った萌さんは、目がクリッと大きい美人だった。札幌の未来さんに続き本当に美人で、芸能人で言えばベッキーに似ているか。かなり古い木造住宅に家族と暮らしていて、現在は自宅から配信している。今日、萌さんは朝8時に出勤し、2人の客を取って駆け足で自宅に戻ってきたという。

ここで、現在の性風俗の主流であるデリヘルの説明をしておこう。デリヘルとはデリバリーヘルスの略称で無店舗型ヘルスのことをいう。

デリヘルが一気に広がったのは2000代半ばだ。繁華街に店を構える店舗型が苦境に陥ってから激増している。店舗型の苦境は、2004年末に新宿歌舞伎町の治安対策と店舗型風俗店の取り締まりを主な目的とした「歌舞伎町浄化作戦」から始まる。石原慎太郎都知事（当時）と警察官僚だった竹花豊副都知事（同）がタッグを組んで、まず重点地域だった新宿歌舞伎町の店舗型風俗店を一掃した。すぐに都内全域と東京近郊の繁華街にまで広がって、店舗型風俗店の営業が困難となった。風俗店を店舗型から無店舗型に業態転換させる政策で、繁華街から風俗店が消えてデリヘルが激増することになった。

貧困が深刻化した今思えば、どうしてそんなことをしたのかという「大量の血」

が流れた政策だった。

「大量の血」とは、無店舗化によって女性の価値が下がったことだ。店舗型風俗店の排除は治安回復や青少年育成、街の風紀や景観のためという建前で行われた。だが、不幸なことにこの施策は日本の経済的衰退が始まる時期と重なってしまった。繁華街に根づいていた店舗型風俗店は、合理的に集客→サービス提供するシステムができ上がっていて、それまで女性の価値は高い水準で推移していた。風俗嬢になれば簡単に稼げ、借金などの大きなマイナスがあっても生活が立て直せた。まさに、風俗はセーフティネットとして機能していたのだ。

無店舗化によって男性客と売上げが減り、男性客と2人きりなので女性への危険が増大した。挙げ句に単価は下落して女性のデフレ化が起こった。苦境から抜け出るために覚悟を決めて裸になっても、店舗型の半分も稼げないという状況となった。価値が半分になるのは大変なことで、言い方を換えると、一人の中年男性から精液を浴びるだけで生活できたところを、2倍の時間を費やして2人の中年男性から精液を浴びないといけなくなった、ということだ。

一方、貧困女性の最後の砦《とりで》を奪った本人たちは、とてつもない成功者となっている。副都知事だった竹花豊氏は2007年に警察庁を退官後、松下電器産業株式会社役員、パナソニック株式会社常務、株式会社東京ビッグサイト代表取締役社長、綜合警備保障株式会社社外取締役、そして現在は株式会社熊谷組監査役と、華々しい経歴となっている。

進学校出身、夢は学校の先生

20歳の萌さんは女性の裸の価値がデフレに襲われ、新型コロナウイルスでさらなる打撃を受けたあとのデリヘルで働いている。

「学校の先生になりたいので、どうしても大学進学したかった。高校も進学校で卒業後に就職する人はゼロだったし、高卒で就職は頭になかったです。でも、親から大学のお金は一切払わない、自分でやれって言われた。国立大学を受けたけど、落ちちゃった。予備校代と私立に行くために貯金しようって風俗を始めて、いろいろあって結局、通信大学になりました。先生になるって夢のためです」

中学のときの担任に憧れ、中学・高校の教員になることを志した。専攻は憧れた先生と同じ数学で、子どもの頃から勉強が好きだったので成績はよかった。県内でも上位の県立高校に進学。高校でも成績は上位で、国立大学は合格圏内だった。高校まで順風満帆だったが、お金がかかる大学進学という壁にぶつかって急ブレーキがかかった。

萌さんの両親は、一人娘の教育にまったく興味がない。両親とも娘の夢を応援する、進学費用の一部を負担することなど、頭の片隅にもないという。萌さんの口調や表情から父娘、母娘の関係は冷めきっていて、彼女自身も親に何も期待していないことがうかがえた。

「親は何もしてくれないので、高校2年生くらいから、どうやって大学進学するか考えていました。結局、大学に行くためには水商売か風俗をやるしかないって思いました。風俗とか水商売のことは何も知らないけど、そういう仕事をしようって。現役のときは国立大学しか受けなかったけど、受かっても落ちても、風俗の仕事はするつもりでいました。結局、浪人することになって、まず1年後に必要になる初年度納入金もないし、浪人するにしても予備校代が必要になるかもしれない。親は私のことには興味がないので、勝手にすれば、みたいな感じ。普通のアルバイトして月10万円とかじゃ、とても進学できないって判断です」

恋愛経験のない処女が風俗勤務

先ほどの未来さんと同じく、萌さんも高校在学中に風俗で働くことを決めている。経済的なことを含めて進路を考えるなかで、高校の教室で〝カラダを売らざるを得ない〟と判断し、卒業式が終わってすぐに風俗店に面接に行っている。

萌さんは若くて美人なのでその場で採用になり、すぐに店員と近くのラブホテルに行って講習となった。講習とは風俗勤務初心者にサービス内容を教えることで、男性従業員と性行為を行う。萌さんは恋愛経験がない処女だった。そこではじめて性的行為を経験した。

「メガネをかけたガリ勉タイプだったので、高校時代にそんな経験ないです。恋愛経験もないし、今もないって言えばない。覚悟していたので、講習はこんなものかって感じでした。そのとき生まれて初めて男性の裸とか精液を見ました。次の日から出勤して、普通にお客さんを取りました」

予備校に行かない浪人、いわゆる宅浪だった。合格するための勉強だけでなく、自分自身の生活費に加えて大学受験費用、入学費用を稼がなければならなかった。夏までにできるだけ風俗店に出勤し、お金を貯めるという計画を立てた。目標金額は受験料20万円、それに1年後に私立だった場合の初年度納入金120万円、合わせて140万円。浪人中、予備校に行くかもしれないので、できればそれ以上の貯金が欲しかった。

高校時代に数カ月間、ファストフードで働いた経験がある。最低賃金の時給900円で働いても、稼げるのは月に10万円程度。そのときの経験から普通のアルバイトで大学進学するのは不可能と判断し、風俗の道を選択している。

子どもの学費を負担したくない親が増加

クラスでどちらかというと真面目で目立たなく、成績がよく、恋愛経験のない女子生徒が、高校在学中に風俗勤務を決意するのは異常な事態だ。オンラインの画面で表情や口調を見る限り、彼女の中で大学進学と風俗勤務はセットで、〝自分のために勉強をしているのだから、自分がカラダを売るのは当然のこと〟という意識があるようだ。

前出の未来さんも同じ意識で風俗嬢になっている。大学進学のために高校卒業後に即風俗入りするケースは一般化しているようにも見える。

大学生の貧困は親世帯の賃金低下や、学費高騰だけでは説明できないようだ。未来さんや萌さんのケースを見てわかるとおり、女子大生の現在の状況は親との関係と密接につながっている。苦境に陥る大学生の親の傾向は、大きく3つに分かれる。

①親世帯が相対的貧困に該当する場合は、子どもの進学どころか自分自身の生活も苦しい。子どもの貧困は7人に1人といわれるが、貧困当事者の親はとても大学進学費用を捻出できない。自分の生活で精一杯なので、高校卒業した子どもに自立を求め、本人が奨学金を借りたり、アルバイトしたり、なんとか学生生活を成り立たせている。

②大学の学費は高額なので、貧困ではない一般家庭でも費用を賄えない。初年度納入金は私立文系の場合120万円、私立理系で150万円程度。授業料は私立で年間80万〜110万円ほど（平成30年度、厚生労働省の調査）。2人以上世帯で貯金ゼロは23・6パーセント（知るぽると調べ）と一定数が存在し、そもそも貯金できない状況で一人の子どもに4年間で約400万〜550万円という大学費用を負担しようがない。①と同じく、子どもに経済的自立を求める。

③世帯収入に関係なく、子どもの学費を負担したくない親が増えている。子どもの学費のために自分の懐を痛めたくない。国が推進する高等教育の受益者負担という社会の潮流に乗じて、大学進学した子どもに経済的自立を求める。

「金融事業」と批判される日本学生支援機構の奨学金制度は貸与型だ。日本は給付型の奨学金の割合や高等教育への公的財政支出が国際的に異常に低く、子どもの進学に対する国の姿勢は「進学に必要なお金は有利子で貸してあげるので、それぞれの家庭で決めてください」というだけだ。貸与型奨学金は学生本人の名義で借りるので、子どもが4年間で500万〜800万円の借金を背負うことになる。子どもの借金なので親の懐は痛まない。

萌さんのように高校卒業で自立を迫られ、経済的苦境に陥る若者は膨大に存在している。そのなかの一定数が、価値が認められる自分の若い肉体を換金する性風俗を選択するのは、自然な流れといえる。夢がある、勉強したい、頑張りたいという若者ほど、昔ながらの保守的な換金方法である性風俗を選択する傾向にある。国をあげて若者たちに無理難題を押しつけた歪《ひず》みといえるだろう。

想像できなかった精神的ダメージ

ここまで具体的な行為を伝えたとおり、不特定多数の男性と性行為をする風俗嬢の仕事は非常にツライ。女性の裸の価値にデフレが起こって大したお金にならない大前提があるうえに、2人きりの個室やラブホテルで男性の欲望をストレートにぶつけられる。それに加えて差別や偏見の的になる、違法の可能性、男尊女卑が業界に浸透しているので搾取される、性暴力を受ける、情報遮断される、恋愛や金銭感覚がおかしくなるなどなど、高校卒業したばかりの勉強したい女の子が就くような仕事ではないのだ。本当に何もいいことがない。

萌さんは処女で風俗嬢になって、すぐに大学進学という目的のために鬼出勤をした。当然、無理が生じる。何が起こっても、どれだけストレスが溜《た》まっても、誰にも言えない仕事であり、必然的に精神的におかしくなっていった。

「結局、貯金するために風俗やって、それで勉強もしてってことはできませんでした。メンタルがダメになりました。最初はお金を稼ぐんだから、一気に稼ごうって週5日とか。一気に働くと体調崩すとかわからなかった。あと、お金って生きていくうえで必要やから、使うたびにどんどんなくなる。貯金以前に生活にいくらかかるとか、そういうこともわかっていなかった。後先見えてなくて、しんどくても我慢して、夏休みの頃にはメンタルがダメになった。まず風俗で働いてると嫌なお客さんにあたる。精神的にめちゃしんどいし、体力的にもしんどい」

親世代の不特定多数の中年男性に性的サービスをして、疲れ切って帰ってくる。知らないうちに精神的にダメージを負い、過食嘔吐《おうと》をしたり、何もやる気が起こらなかったりする。すぐに切り換えて受験勉強することは、とてもできなかった。

高校を卒業して風俗を始めたのは、2019年3月。最初から週5日、10時から20時というシフトで働いた。一日10時間、週5日は、自己裁量で出勤日を決めることができる風俗嬢のなかで、最も長時間な部類である。性的サービスは大変なサービス業であり、専業で従事する女性は少なく、ベテラン女性でも2勤1休、一日6〜8時間というシフトが一般的である。萌さんは風俗未経験どころか、処女なのに無理をした。

処女喪失は〝本番強要〟

「あまり思い出したくないことなんですけど、処女喪失は本番強要なんですよ」

萌さんは、そんなことを言い出した。本番強要とは風俗嬢にセックス行為を強要すること。風俗嬢や風俗関係者の間では〝本強〟とも呼ばれる。不特定多数の男性とセックス（女性器に男性器を挿入する）をして金銭をもらうことは売春防止法で禁じられる。

性風俗はいくつかの業態があって、ソープランドは例外として本番サービスを提供することはない。女性が男性器を股に挟む素股（性交類似行為）でフィニッシュするのが一般的だ。

しかし、興奮する男性客が風俗嬢に本番強要することは、よく行われている。一歩間違えれば強制性交等罪になりかねない危険な行為だが、昔から膨大な数の男性たちが風俗嬢に対して本番強要している。未遂も含めれば、被害経験のない風俗嬢はいないだろう。本番強要が常態化するなかで、高校を卒業したばかりの何も知らない萌さんは、当然のように被害に遭遇した。

「本強はよくされます。いつも、なんとか逃げていたけど、そのときは逃げきれなかった……で、中出しされました。それが初体験。泣きながらアフターピルもらいに行きました」

不幸な初体験となってしまった最初の本番強要は、彼女にとって大きな出来事だったようだ。一体、どんなことがあったのか。

「風俗を始めて1カ月くらいのとき。相手は40代後半から50代前半の中年太りのおじさんでした。なんか威張ってて、あれやって、これやって、なんでできひんの？

とか。具体的に言うと、しゃぶれとか、挟めとか、舐めろとか、そういう要求。基本だからせざるを得ないけど、お店の人から『挿れられちゃうので素股はあんまりしないほうがいい』ってアドバイスはされてました。素股のときに挿入されて、中出しです。そのときは危ないからゴムつけるとか、そういう知識はありませんでした。まさか生中出しされるとは思ってなかったので」

おじさんは、中出しされて混乱する萌さんに「よかったで、お前も気持ちよかったやろ」と声をかけて帰ったという。恐怖と嫌悪感、それと溜まりに溜まったストレスがピークに達して待機室に戻って泣き崩れた。

風俗→ファストフード→風俗

「それからも、何度も何度も本強があって精神的に疲れました。勉強も全然できてなくて焦りがあったし、我慢が限界を超えちゃった。最終的にはもう無理と、一度風俗を辞めました。風俗を辞める、ということは大学進学を諦めたってこと。風俗を辞めてファストフードのバイトに移りました。普通のバイトでは、やっぱり自分の生活費しか稼げなかった。風俗を辞めて進学を諦めて、勉強も辞めちゃって、それが浪人に失敗した流れです」

高校を卒業したばかりの3月下旬に風俗嬢になって、その年の6月に疲れ切って一度辞めている。3カ月間で稼いだのは月60万円平均、合計で180万円ほどだった。100万円ほどの貯金ができた。教員になる夢を諦め、ファストフード店に移った。もう一度頑張ろうと思ったのは2019年末頃、通信制大学で教員免許を取得できることを知って入学した。

「コロナになってバイトがなくなったのと、やっぱり教員を目指すことにしたので、もう一度風俗に戻りました」

連日新型コロナウイルスの報道がされ、小中学校は全国一斉臨時休校になり、北海道や東京には緊急事態宣言が発令された。そんなときに風俗に戻っている。兵庫県も大騒ぎだった。日々、風俗店の苦境も報道されていたが、萌さんは出勤すればお客は付いた。不特定多数の男性への性的サービスは、もう慣れた。通信大学の学費は年間20万円程度と安く、以前のように無理して働く必要はない。出勤できるときに出勤する、という働き方をしている。

風俗嬢に出戻った萌さんは、まだ恋愛経験はない。風俗店でも性的サービス以外の男性経験はなく、プライベートではまだ処女のままだった。

父親は75歳、母親は45歳のフィリピン人

どうして、両親は一人娘の大学進学、そして教員になりたい夢の実現に関心がないのだろうか。萌さんの父親は工場のベテラン管理者で、母親は常勤の工員である。世帯収入は少なくとも500万円、おそらく700万円くらいはあるはずだ。両親の理解と協力があれば、高校卒業後にすぐ風俗店勤務という事態にはならなかっただろう。

「実は私、日本人とフィリピン人のハーフです。父親が日本人、母親がフィリピン人」

言われるまで萌さんがハーフであることはわからなかった。現在、父親は75歳、母親は45歳で両親の年齢差は30歳もあった。父親が55歳のとき、彼女が生まれてい

る。処女ながら風俗嬢になった過酷な話は淡々と語っていたが、両親のことになると若干投げやりな口調になる。両親が娘に興味、関心がないことから始まり、どこかの時点で彼女が諦め、両親に対して絶望感を抱いているように見えた。

「機能不全家庭というんですか、うちはおかしいと思います。家は兵庫県のすごい田舎で、お父さんは工場の管理職。けっこう上の立場のようで、まだ現役で働いています。お母さんは、お父さんとはまったく関係ない別の工場で働いています。結論から言えば、高校時代からお父さんに借金があることをずっと言っていて、その借金が何か私にはわからない。お父さんの借金が理由になって、私は何もお金を出してもらっていないって状態です」

両親が結婚したのは1996年、膨大なフィリピン人女性が入国していた時代だ。日本にフィリピン人女性が増え始めたのは80年代初頭からで、来日目的はダンサーや歌手として入国する興行在留資格を持っての出稼ぎだった。しかし、ダンサーや歌手活動というエンターテインメントでの仕事は建前で、全国各地にフィリピンパブが乱立し、彼女たちは水商売のホステスとして働いた。バブル期の日本は異常に景気がよく、まだまだ貧しかったアジア各国からの出稼ぎ志願者は絶えなかった。

彼女らは日本で一攫千金《いっかくせんきん》を目指し、フィリピンで歌やダンスの猛特訓をしてオーディションに合格して来日する。競争があって努力を重ねて実力が認められ、やっと日本に入国する資格を得ることができるシステムだった。オーディションに合格した女性たちは自国と日本の人材ブローカーを介して、雇用先や住宅を準備してもらって働いた。雇用先は日本全国にあるフィリピンパブである。

希望をもって来日しても、華やかな舞台での活動ではなく、露出度の高い服を着させられてホステスをさせられた。酔客やエロ客の相手だ。美人で優しい「フィリピーナ」は日本人男性から大いにモテて、フィリピンパブは日本全国で大流行となり、嫁のあてがない地方の男性を中心に国際結婚も増えた。

機能不全家族

フィリピン人女性の入国者数は、2004年に8万2741人とかなりの数となった。しかし、フィリピンパブや人材ブローカーによる搾取があり、週6日働き詰めでも手にできたお金は月10万円以下だった。日本人男性の妻となれば、配偶者等の在留資格を得られるため就労制限はなくなる。家族に仕送りするフィリピン人女性たちは配偶者等の在留資格を欲しがったという。

国際結婚にはさまざまな出会い、カップルの形があるだろうが、30歳という年齢差を鑑みると、萌さんの母親はおそらくビザ取得目的の結婚だったか。25歳のときに父親と結婚して、日本人として永住することになった。そして2001年に萌さんが生まれている。結局、この興行ビザ制度は、04年にアメリカ国務省から「人身売買」と非難され、廃止となっている。

萌さんは両親の話になると、二段階くらいトーンが落ちる。

「うーん、どちらも私の大学進学を反対はしてなかったけど、とにかくお金は出さないって感じです。無関心。自分のお金で大学行くのもいいし、行かないんだったらそれでもいいし、勝手にしい、みたいな。私にお金を使いたくないってより、あなたのことは自分に関係ないって感じですよね。あと、小さい時から家庭は機能してなかったと思う。ご飯もお母さんにつくってもらえなかったし、家族の会話もない。いつも家族は冷め切ってる状態ですよね」

小学校の頃から勉強はできた。ハーフでも日本人の名前で、イジメみたいなことを受けた記憶はない。県内でも有数の進学高校に入学して、上位の成績で卒業している。

「まず進学校に行けたのは、中学校のときは借金がなくて本当に普通の塾にも行かせてもらえたからかな。塾でずっと勉強してて気づいたら成績が上がって、進学校に行けたみたいな感じです。っていうのも私自身、塾に行ってた理由が、家に帰りたくないから。帰りたくないので、ずっと塾で勉強していたという理由がありました。帰ってもご飯がないし、帰る意味ないみたいな。ただいまも、おかえりも、何もないし」

父親と母親は、基本的に何もしゃべらない。たまに話したと思ったら夫婦喧嘩、とにかく仲は悪いという。

「父親は暴言を吐く人。母親にはフィリピーナのくせにとか、日本語わからんのに偉そうにするなとか、そんなことを言っています。父親は男尊女卑に加えて、人種差別みたいな意識があって、外人の貴様は黙っておけみたいな。私も国立に落ちたとき、落ちたんか、情けない。あの女の娘だし、仕方ないか、けっ、みたいな感じでした。父親は、私がフィリピン人の母親の娘だから嫌いなんだろうなって思いました」

「両親は私のことはどうでもいい」

終戦時に生まれた世代による家父長制的なふるまいや、男尊女卑は一般的な感覚だが、さらに家庭内で人種差別があった。もうひとつ、萌さんは中学のときに母親の故郷フィリピンに行っている。日本で母親は父親と喧嘩ばかり、家庭の団欒《だんらん》は一切ない。萌さんは機嫌が悪い母親しか見たことがなかった。しかし、フィリピンに帰った母親はまったく別人だった。陽気で明るく、楽しそうで、思いやりにあふれていた。

「びっくりしました。フィリピンに帰ると、お母さんめちゃめちゃ元気になる。機嫌いいから、私の話も聞いてくれた。その時、母親は日本とか父親が嫌いなんだって気づきました。嫌いというより、フィリピンのほうが好きなんだなって。お母さんは、私のことは日本で生まれた父親との子どもだから、私に興味ないんだろうって思いました」

画面の向こうで、萌さんはウンザリした表情をしている。父親からは人種差別と男尊女卑で虐げられ、母親からは父親の子どもということで興味を持たれない。救いがなかった。その現実を萌さん自身が一番よく理解している。両親が自分の大学進学に協力してくれないのは、当然のこと、仕方がないと納得していた。

「そういう理由で、両親は私のことはどうでもいいってことです。だから、私も父親のことは嫌いです。母親のことも、そんな好きじゃない。通信なので風俗嬢していれば、学費と生活費はなんとかなるし、風俗やっていてよかったです」

大学を卒業しても教員になるまでデリヘルを続けるという。風俗でもっと稼ぐことができれば、家を出ることも考えている。これから大学3年になる。大学は通信制、仕事はラブホテルを巡る風俗嬢なので出会いはない。

恋愛経験は、まだないという。

第二章

スカウトされた女たち

平成は日本が衰退した時代

平成は女性と若者が貧困化し、日本が衰退した時代だった。とくに50・8パーセントと過半数を超えて世界最悪の数字となった「ひとり親の貧困」（2014年、経済協力開発機構調べ）、そして約7人に1人という「子どもの貧困」（18年、厚生労働省調べ）が問題視された。厳しい貧困の現実が可視化されたことで、子ども食堂など、貧困層への支援が活発に行われている。そして、ひとり親や子どもの貧困に匹敵する厳しい状況にあるのが「学生の貧困」だ。

学生が貧困になるのには理由がある。親世帯の収入減、親世代のリストラ、学費の上昇、授業出席の厳格化、地方の衰退、学生バイトのブラック化、親や祖父母世代の無理解、消費増税などの要因が重なりに重なり、そこにコロナショックが襲った。

「女性の貧困は売春に、男性の貧困は犯罪に」直結するのは、今に始まったことではなく、戦前から言われていることだ。10年ほど前から7大都市の繁華街のキャバクラ、ソープランド、高級デリヘルなど、価格が高めの風俗店は現役女子大生だらけだ。

今は本当にあらゆる女子大生が風俗産業に従事している。真面目な女子学生も、清楚な優等生も、学生生活の維持のため裸になってカラダを売っている。女子大生風俗嬢たちは、経済的な問題だけが風俗をする理由なので、所属する大学のランク、個人の性格、性体験のあるなしなどは関係ない。強いて言えば、高所得世帯の子弟が多い現役東大生はあまり聞かないくらいで、繁華街に行けば難関一流大学の女子学生たちが普通に裸になって働いている。

国が学生たちに用意しているのは、日本学生支援機構の奨学金である。これを含めなんらかの奨学金を受けている大学生は49・6%となっており(20年度・昼間部、日本学生支援機構調べ)、若者たちが数百万円の負債を抱えて社会に出ることが一般化している。大学や短大、高専の中途退学理由の1位は圧倒的に「経済的理由」であり、もうとことん大学生たちを追い詰めているのだ。

そんな絶望的な状況のなかでコロナショックが起こっている。

父親の介護がきっかけで精神崩壊

2021年2月8日、東京は2度目の緊急事態宣言の真っ最中だった。自粛が叫ばれてから1年近くが経ち、平日14時の池袋は何事もなかったように人出が見られた。閑散としていた前年4月の緊急事態宣言時とは、まるで状況は違っていた。

池袋駅北口にはチャイナタウンとラブホテル街があるため、周辺は売買春や風俗の待ち合わせ場所として知られる。北口駅前は東京のなかでも有数の怪しい場所であり、狭小な出入口からひっきりなしに行き来する人々は、風俗客や風俗嬢、中国人や反社会勢力関係者などの比率が著しく高い。

北口駅前にある老舗喫茶店は満席だった。店内を覗《のぞ》くと怪しげな人々の三密状態で、それぞれがマスクを外して熱心に会話している。西口に移った。池袋の無店舗型M性感ヘルスに勤める錦城愛菜さん（仮名／22歳）に店名を添えたＬＩＮＥを送ると、すぐにやってきた。

愛菜さんは多摩地区にある中堅理系大学4年生。留年が決まって来年も大学生だという。彼女が従事するM性感ヘルスとは、言葉責めや前立腺マッサージなど、女性から責めるプレイが基本の業態だ。

「一昨年、お父さんが脳出血になってから母親と一緒に父親の介護の日々でした。父親はほんとに横暴でメチャクチャな人で、男尊女卑みたいな感覚がすごくて、とにかく私に八つ当たりする。この状態が続くと、もう自分が壊れるなってギリギリな感じでした」

「話したい！」という前向きな雰囲気だった。すぐに親の話が始まった。

父親は71歳、母親は67歳。彼女は年齢を重ねた両親から生まれた。大学2年のとき、父親が脳出血を起こして介護が始まる。軽い麻痺《まひ》が残る状態で要介護1の認定が出た。軽度な要介護状態である要介護1、2は、本人が動けるしコミュニケーションが取れるため、介護者が最も大変な状態だといわれる。

母親は元小学校教員、父親は無職で主夫、貧困家庭ではなかった。父親は家父長制の権化みたいな性格で、その性格は要介護状態になってさらに先鋭化した。横暴で偉そうな父親を母親と愛菜さんが分担して介護することになった。

「父親は毎日、毎日『俺は一人で死ぬんだ！』みたいなことをずっと叫んでて、母親と私がヒステリーの的みたいな。一人だと不安なので誰か視界にいてほしかったみたいで、身体介護というより、ヒステリー男の話し相手でした。もう死ぬからって叫びながら、次の瞬間にモノを投げてくるとか。半年くらいそういう状態が続いてウンザリしました。もう、いろいろ重なって狂いそうになっちゃって」

問題は父親の介護だけではないようだ。まず、気になったのは自宅から大学が遠すぎること。通学で2つの県を越している。聞くと、やはり往復5時間。理系なので授業もゼミも厳しく、さぼるようなことは許されなかった。一限に出席するため、朝6時に家を出た。ゼミが始まってからは、帰宅は連日22時過ぎとなった。

「実験室のゼミで課題がたくさんあって、それに父親の介護、家の家計もだんだん怪しくなってきました。介護が始まってしばらくした時、母親から今までどおりに学費の援助はできないからバイトしろって言われた。それにブラック研究室に配属されて、夜遅くまで自主的に研究して、みっちり時間をかけて研究論文もちゃんと書けって。それに必死に就職活動しろって。3年になってゼミが始まって、母親にバイトも求められて、完全に破綻しました。本当に苦しいのに、父親は暴言を吐くばかり、母親はお金がない、お金がないと嘆き出し、先生はとにかく死ぬ気で研究しろみたいな。誰にも私のシンドさが通じなくて、最終的には自殺未遂までしちゃったんです」

混み合う喫茶店の真ん中で、愛菜さんは声をあげて泣き出してしまった。客層が普通ではない店である。若い女性が泣いていても、誰も気にとめない。

スカウトマンが「お金は特効薬」

突然、情緒が不安定になった。話そうと思っているうちに、介護とゼミが始まった2年前の混乱を思い出したようだった。涙が止まるのを待って、ゆっくり聞くことにした。

「学費は全額母親に払ってもらっていたわけではなくて、第一種奨学金（無利息だが返済は必要）を借りていました。全部学費に充てていて、母親に足りない分を払ってもらっていた。でも、父親の介護が始まって負担できないってなった。突然そんなことを言われたら、風俗やるしかないじゃないですか。ただでさえ眠る時間もないのに、それ以外に方法はないです」

67歳の母親は小学校教員をすでに退職している。退職後は福祉施設の非正規職員をしていたが、父親の介護が始まって働けなくなった。家計を管理する母親は、「学費の負担はできない」とお手上げ状態となった。母親に渡していたのは、日本学生支援機構の第一種奨学金で月6万4000円、年間76万8000円になる。学費は年間142万円で、愛奈さんから渡された奨学金の金額を差し引いた65万2000円を母親が負担していた。その負担ができなくなった。

「お金どうしようってとき、たまたまスカウトされたんです。お姉さんちょっといいですか、かわいいですねってベタな感じで。精神と体力がギリギリの状態でお金のことまで言われたので、そのときは、もう限界超えてました。大学の友達に介護のこととか、学費のことは話せないし、もういいや、この人にぶちまけちゃおうってなりました」

スカウトマンに声をかけられて立ち止まり、そのまま近くのカフェに行った。スカウトマンに今までの父親の介護のこと、父親の横暴な性格、学費のこと、大学と介護で眠る時間すらないことを話した。その時も、今みたいに泣いてしまったらしい。スカウトマンは「お金は特効薬。お金に余裕ができたら、お姉さんの気持ちも余裕が出てくるよ」と言っていた。そのとおりだと思った。

ソープでは血が出るまで手マン

スカウトマンはキャバクラ、各種性風俗、AV女優のプロダクションから女性の発掘を請け負い、紹介する仕事だ。紹介した女性の売上げからバックマージンが支払われ、売れる女の子を見つけることができればお金になる。しかし、路上でのスカウト行為は都道府県の迷惑防止条例違反、有害業務への人材斡旋《あっせん》は職業安定法違反で、完全な違法業務だ。反社会勢力と深いつながりがあり、スカウトマンたちも少なくない金額を搾取されている。

「結局、ソープランドをやることにしました。新宿です。同じ大学に彼氏もいたけど、そのときは彼氏のことは何も考えなかった。仕方ないって。ただ風俗嬢になってからは、彼氏くんとエッチしてるのにお店のことを思い出したり、逆もあったり。

プライベートとお仕事のエッチが混ざっちゃって、シンドくなったときもありました」

忙しい理系の大学生が、日々生活に使うお金にプラスして年間70万円近くを貯めるには、普通のアルバイトでは不可能だ。目的を達成するには、単価が高くて出勤が自由な風俗しかなかった。週1、2日程度しか働けないとなると、待機時間が長いデリヘル、出勤時間が決まっているキャバクラも選択から外れる。客付きのいい大衆ソープランドが一番いいだろう、ということになった。

「ソープランドはすごくキツかった。オラオラみたいなお客さんが多くて、無理やり挿入されるとか、血が出るまで手マンされるとか。今までそんな仕事は経験ないのに、いきなり知らない人に血が出るまで手マンされて、無理やり押し倒されるとかショックじゃないですか。大学を卒業するために、こんなことをしなきゃならないんだって。スカウトマンに、もうちょっとソフトなことにしたいって言ってM性感ヘルスに移ったんです。最初にあまりにヒドイ経験したので、M性感ヘルスは楽でした」

M性感ヘルスとは具体的になにをする店なのか。

「えっと、基本的には、男の人のアナルをマッサージして拡張してあげたりとか、あとはシンプルに手コキとか、お客さんの要望に合わせてやる。アナル開発コースとかソフトタッチ手コキコースみたいなのがあって、単価はどうしても安くなるけど、ソープより全然楽なのでいいです」

大学で飛び降り自殺未遂

風俗を始めたのは大学3年生の5月。2年近くになる。

最初は土日祝日を中心に週1、2日の出勤で、収入は月15万円程度。大学と介護の合間を縫っての風俗勤務は大変だったが、学費の目途がついたことで精神的に楽になった。愛菜さんは、また「泣いてもいいですか？　つらくなってきた。はぁ」と言って泣き出した。どうも泣いてしまう原因は、風俗ではなく、介護する父親、それと大学のゼミにあるようだった。

「自分の中では学費とかお金の問題より、うーん、父親がいる家が気持ち的に耐えられなかった。父親には子どもの頃からお前はダメな奴だ、お前はなんの能力もない、っていつも怒鳴られてた。介護するようになって毎日言われるようになって、そんななかでソープでレイプみたいなことを何度もされて、忙しくて眠る時間もなかった。睡眠不足が原因だろうけど、父親に殺意みたいな感情も湧いてきたり。このままだと、本当にまずいと思っていました」

3年の後期からゼミが始まった。厳しい研究室で毎日遅くまで勉強し、朝5時起き、帰りは22時という毎日。帰宅してから父親の介護をして、暴言を吐かれ、そして休日は午前中から風俗勤めである。

「3年の12月。研究室に大きい窓があって、衝動的だったけど、そこから飛び降りちゃったんです。ゼミの先生はアカハラ（アカデミックハラスメント）で有名な教授で、教えられてないことをやれって怒鳴られて、できませんって言ったら、ダメな人間だって。それからイジメの対象になって、みんながいる前であいつはダメな奴、あいつは無能みたいな扱いでした。大学では教授から、家では父親から罵《ののし》られ続けておかしくなっちゃったんです」

課題の発表があった。おそるおそる教壇に立って、長い時間かけて準備した課題をプレゼンした。腕組みしていた教授は、「無能な女の話を聞かされて耳が腐るわ。ははは」みたいなことを言って、プレゼン資料は破り捨てられた。学生もみんな教授につられて笑っていた。

「父親にダメな奴、ダメな奴って言われて、教壇に立って教授がケラケラ笑ってい て、同じ研究室の人たちも笑っていて――私、なんか生きてちゃダメなのかなって。死んでもいいかなって。突発的に思った。それで窓を普通にスッとあけて、飛び降りました。2階だったのでケガで済んだけど、あの時は本気で死ぬつもりだったから危なかったです」

学内での飛び降り自殺未遂は大問題になった。教授のアカハラが明るみになり、厳重注意処分になった。愛菜さんは精神科を受診、適応障害と診断がされた。それから半年大学を休学となって留年が決まった。

「自殺未遂は大学から親にも連絡があって、そこで父親がやっと私のシンドさに気づいてくれた。回復には時間がかかりました。休学して大学に行くのをやめて、父親の介護もやめて、風俗だけにしたんです。それまでは大学に行くたびに吐き気とか涙が止まらなかったけど、それもなくなった」

休んでいる間、風俗にたくさん出勤して稼いだ。お金の心配もなくなった。休学してすべてのストレスの原因から距離を置き、思い切って風俗をしたことで楽になった。

「風俗をやったからお金の心配することなく、思いっきり休むことができた。感謝していますよ」

時間の余裕もできた。コロナ禍のなかで就活もしている。理系の就職の実績がいい大学である。卒業後、希望業種の大手企業に就職する予定だ。

渋谷で待っていたのは有名AV女優

池袋から渋谷に移動した。

池袋、新宿、渋谷の副都心は、巨大な繁華街を擁する。繁華街は戦後の闇市から始まって、性風俗もとことん発展している。さまざまな街で開発が続く東京は、3つの副都心を行き来できるように交通網を張り巡らした。池袋からだとJR山手線、JR埼京線、地下鉄副都心線と、どの路線を選択しても渋谷に到着する。

涙を流し続けた愛菜さんを取材したのは、池袋西口の喫茶店だ。西口のマルイから地下に入って副都心線に乗った。池袋マルイは2021年8月で閉店した。それを知らせる寂しげな張り紙があった。副都心線は池袋の西側から山手線と交差し、明治通りの地下を走る。各駅停車で16分、渋谷に到着する。再開発された渋谷駅は高速ジャンクションのような変貌を遂げ、副都心線はそのまま東急東横線に乗り入れ横浜まで向かっていく。

17時。渋谷モヤイ像前で藤井春奈さん(仮名/22歳)と待ち合わせた。紹介してくれたのは以前取材したMARCH卒業の元女子大生風俗嬢で、同じデリヘルで働いたときに友達になったという。数分待っていると、「ナカムラさんですか?」と黒いマスクをした橋本環奈似の、かなりの美人に声をかけられた。エルメスのバッグを持ち、華やかな雰囲気を纏《まと》い、とてもお金に困っているようには見えなかった。

「いま○○○大学の4年です。もう卒業です。風俗はだいたい全部やりましたよ。箱ヘル、ホテヘル、ソープ、おっパブ、セクキャバ、キャバクラ、AV女優も全部やりました」

性格の明るい子だ。取材理由や匿名の説明をするまでもなく、モヤイ像前ですぐに話が始まった。AV女優というので名前を聞いてみると、有名なAV女優の名前を言った。検索すると400万件以上がヒット、なんと彼女は大手メーカーの専属女優だった。

単体AV女優は女優の上位1パーセントもいない最難関で、大手メーカーからアイドルとして売り出される。彼女たちは金のなる木なので、プロダクションによる厳しい管理と、イメージ戦略が科せられる。イメージ戦略とは、セックスしている姿にギャップを出すためのブランディングで、清楚で清純みたいなことが強調される。彼女はお嬢様育ちの現役大学生であることを売りにしていた。

東京に来た瞬間から金欠

アダルトビデオはグレー産業である。意図していないこととはいえ、プロダクションを通さずに現役の単体女優と取材という仕事の場で一緒にいるのはまずい。渋谷はアダルトビデオ業界の拠点だ。渋谷駅前のスクランブル交差点から道玄坂にかけては、もうＡＶ関係者がウヨウヨといる。関係者に目撃されると、ややこしいことになる。

スクランブル交差点方向には行かないようにし、彼女にはマスクを外さないように伝えた。すぐ近くのカラオケボックスに入った。ＡＶ業界には独自のルールがたくさんあり、プロダクションを通さないで取材していると、言いがかりをつけられかねない。

「地元は東北です。上京してすぐ、大学1年の4月からパチンコ店でバイトしました。時給１４００円って悪くないし、東北と比べるとメチャメチャ高い。けど、最初からまったくお金は足りませんでした。東京に来た瞬間からお金に困るようになったし、無駄遣いはまったくしなくてもお金がない、本当に苦しかった。パチンコのバイトだけでは生活が厳しくて、5月にはダブルワークでガールズバーで働いた。中央線沿線の店で毎日出勤しているうちに、その付近のスカウトマンに一日だけでいいからデリヘルやってみない？　って声をかけられたんです。それはできないって断ったんだけど、嫌だったら辞めていいから一日だけ行ってみてって。それが風俗仕事のスタートでした」

東京は危険が潜む。「若い女の子が一人で歩いちゃダメ」みたいなことは昔から言われるが、本当にそのとおりで、彼女のような美人はスカウトマンや女衒《ぜげん》業者にすぐに声をかけられる。スカウトマンはすべての繁華街にいる。

さらに最近は、お金に困る男子学生を使って、学生を通じてキャンパス内にも目を光らせている。スカウトマンがスカウト目的に路上で女性に声をかけるのは、厳しく取り締まられる条令違反だが、キャンパス内で学生同士の会話に規制をかけることはできない。大学は治外法権となるので、風俗スカウト、ネットワークビジネス、新興宗教あたりは、構内での人材発掘に力を入れている。

スカウトマンの手練手管

スカウトマンは女子大生が経済的問題を抱えていることをよくわかっているので、お金になりそうな女子は、たいてい夏休み前に発掘されてしまう。

裸の世界は普段の姿と性行為にギャップがあるほうが価値が高い。声がかかるのは、何も知らない普通の女子大生だ。満足に男性経験もない女の子たちが、スカウトマンに口説かれる。方法としては、今の仕事のアルバイト時給と風俗で60分働いた報酬を比較したり、嫌だったら即辞めてもいいという逃げ道の準備などなどだ。

親の協力がない、あったとしても十分ではないと、学生バイトの時給で大学生活を乗り切るのは難しく、本人たちは裸の仕事なんてするべきでないのはわかっていても、提案に頷《うなず》いてしまう。遊びや消費のためではなく、大学で勉強するため、ちゃんと就職するために必要なことだと一歩を踏み出す。

春奈さんは小学校の教員を目指して大学進学した。しかし、今は夢だった教員への道は諦めている。卒業は決まっているが、教職課程は途中でやめて就職活動もしていない。卒業後もAV女優や風俗嬢を続けていくという。学生時代の生活苦がキッカケで風俗嬢になり、不特定多数の男性の性行為の相手をしながら、目標や目的が変わってしまうのはよくあることだ。

春奈さんは、どうして大学1年生のときにスカウトマンの提案に頷いて風俗嬢になり、教員になりたい目標を諦め、AV女優になってしまったのだろうか。

お嬢様学校と校則違反

彼女は多摩地区にある中堅私立大学4年生。父親は中小企業の経営者で、どちらかというと裕福な家庭だった。東北では珍しく、お嬢様系の私立の中高一貫高校に通って卒業している。

「同級生にはホテルの令嬢とか、有名なご当地お菓子メーカーの社長令嬢とかいました。寮生活で校則も寮則もすごく厳しい。門限は18時半で寮は学園の敷地内なので、外に出ることがなかった。だから、男の子との交際も完全に禁止で、高校3年のときに初めて彼氏ができたくらい。中学校から男子にかかわる機会は一切ないし、もちろんそういう経験もありませんでした。世間知らずのお嬢さんだったと思う」

学園の校則はガチガチに厳しく、男女交際どころか、恋愛の話をすることも禁止だった。高校2年のときに好きなバンドのことをつぶやくためにSNSを始めて、同じ年齢の県立高校に通う彼氏と知り合った。好きになって付き合った。恋愛禁止なので重大な校則違反となった。

「すごくピュアだったので、それこそ結婚とか考えましたし、とにかく相手のことを大好きで仕方なかった。卒業直前の2月、指定校推薦も決まってあとは卒業するだけってときに恋愛が学園にバレました。彼氏といる写真を誰かが匿名で学園に送りつけたみたい。自宅謹慎処分が出ました。1カ月間、ずっと反省文を書くんです」

恋愛をしたことで女性担任、女性学年主任、生活指導が怒り狂った。何度も学校に呼び出され、男子学生と最後の一線を越えたかどうかを詰問された。

「男女の汚いその一線を越えた、越えてないってところを言われた。汚れてないかって。やってない、してないって言い張ったけど、私はすごく真剣だったし、あんたたち17歳のときは恋愛してないの？　って思った。あまりにもしつこかった。心が折れて、もう高校中退して結婚してもいいかなって一瞬思ったくらい。けど、結局、彼氏とは泣く泣く別れました」

校則違反の恋愛をしたことに対して親は何も言わなかったが、東京の大学進学は強く反対された。母親の大反対を押し切っての進学だったので、学費は払うが、生活費はすべて自分で稼げということになった。この母親の判断が運命の分かれ道となる。母親は東北から出たことのないお嬢様で、頑張ってアルバイトをすれば生活できると思い込んでいたという。

「親の言うことが聞けないんだったら、自分でやりなさいって意地悪だったと思う。甘やかさないから、みたいな。反対されても、やっぱり東京に行きたかった。東北人からしたら、東京は海外みたいなもの。チャンスがあったら行きたいですよ。親が協力するのは学費だけって案に反対もしないで、自分でやるつもりだった。だから、上京して時給が高かったパチンコ屋さんですぐに働いた」

実家から出るとき、母親と一緒に経済的に生活をどうしていくかプランを立てた。春奈さんは家賃5万6000円、光熱費1万4000円、食費3万円、その他5万円くらい、月に15万円くらいかかる計算だった。40万円の貯金があるので、なんとかなるだろうと思った。部屋の初期費用は親に半分出してもらった。生活に必要な最低限の家電や寝具を買っただけで貯金はほとんどなくなった。このままではまずいと、上京した初日にパチンコ店に面接に行っている。

「フロアの玉を運ぶとか、台を清掃するとか、接客、カウンターとか。あとは店頭に立ってマイクパフォーマンスとか。あと、辞める直前は現金クルーまでやって、最後閉店してから現金を集計してました。学校行きながらだと時給1400円でも月7万円くらいにしかならない。ダブルワークでガールズバーをやりました。パチンコ店が終わってから出勤です。そうすると、眠る時間がなくなる。目の前の生活で精一杯で、本当に厳しいって大学生になってすぐに気づきました」

体験入店の時給5000円に感動

月の収入はパチンコ店7万円、ガールズバー5万円で、月12万円。食事を我慢する、洋服は買わない、遊びに行かない、ただひたすら大学とバイト先を往復、何もかも切り詰めてもお金は足りなかった。夏休みになる頃には、この生活を4年間続けるのは無理だと思った。そんなときにスカウトマンに声をかけられた。

「恋愛禁止って環境で育っているし、さすがにそっちサイドには絶対に足を踏み入れちゃいけないって思ってました。絶対にダメだって。声かけられても、大丈夫です、大丈夫ですって断って走って逃げた。でも、私がどこのガールズバーでアルバイトしてるのかを知られて、逃げても、出勤するたびに近寄ってくる。実際にお金がないのと、押しに負けた感じで話を聞きました」

美人でスタイルがよく、性格が明るい。育ちもいい。夜の世界に足を踏み入れたら、確実に稼げることは誰でもわかる。一度断っただけで終わらなかったのは、夜の仕事をすれば確実にお金になるから。だから、しつこく勧誘されている。裸の仕事をやると頷かせる過程は「クロージング」と呼ばれる。スカウトマンはターゲットのニーズを拾って口説いていく。

「時給いくら？ っていう話からされて、パチンコもガールズバーも1400円くらいって。風俗は1時間でその5時間分は最低でも絶対にもらえるって。なんなら10時間分もらえるって言われたんです。1時間1万円って考えてって。なるほど、と思った。そのスカウトさんは何度断ってもめげずにクレープ奢《おご》ってくれたり、お菓子買ってくれたり。お金に釣られちゃだめって思っていたけど、嫌だったら辞めていいって言ってるし、ほかに手段がないし、体験入店に行ってみるかってなりました」

スカウトマンに連れられていったのは、東京・立川市の大衆デリヘルだった。

「女性が男性にサービスするビデオを見せられました。最初に行ったのは〝大衆の下ランク〟くらいのお店で、宣材写真もプリクラみたいなやっすいお店でした。初日は90分のお客さん、2人付いたのかな。実質、かかった時間は講習含めて5時間で2万円もらえた。で、私は感動するんですよ、時給5000円だ、うわー！って」

いきなり時給が何倍にもなったら、誰でも驚く。体験入店の相手は、紳士的で優しい男性だった。女の子が初めて風俗仕事をするとき、思ったほど嫌じゃない、もしかしてできるかも、という意識を持ってもらうために店側は紳士的なお客さんを付ける。お客さんにも、その意図を伝える。そして、日払いですぐ報酬を支払う。そうやって女の子たちを風俗嬢に仕立てていく。

初日にもらった2万円の報酬の内訳を説明する。スカウトマンの報酬は女の子の売上げの10パーセント程度で、店から支払われる。2万円（90分コース）×2人＝4万円が総売上げ、春奈さん2万円（50パーセント）、店1万6000円（40パーセント）、スカウトマン4000円（10パーセント）という分配だろう。

初日、講習時間を除いて4時間で2万円になったとすると、一日4時間、10日出勤すれば月20万円になる。家賃を支払いながら、なんとか生活ができる金額だ。一般的な学生アルバイトの時給1000円程度で働くと、20万円を稼ぐためには一日8時間、25日（週6日）働く必要がある。一日8時間、週6日働いて、どうやって大学に行くのだろうか。「アルバイトをして稼ぎなさい」という母親は、物理的に困難な労働を娘に求めていることになる。

それぞれ家庭の事情は異なるが、時間が制限される女子大生たちが必要な金額をアルバイトで稼げないことが風俗を選択する大きな理由になっている。

デリヘルとおっパブのダブルワーク

体験入店の日、スカウトマンと一緒にデリヘルに出勤したのは朝10時。自宅に戻ったのは16時だった。

「体入して給料もらってお家に帰ったとき、すっごい時間があった。家に着いてからの。テレビも見れたし、眠る時間もあったし、課題する時間もあった。ゆっくりできる時間があるって東京に来てから初めてのことで、今までよりたくさんもらえて、なんかすごい効率がいいって思った。男性経験とか恋愛経験がなかったせいか、性的行為にあまりこだわらなかった。もしかしたらこっちのほうが効率よくお金も貯められ、勉強もできて、睡眠もとれていい仕事かもって」

風俗嬢になることを決めて、まず深夜まで働くガールズバーを辞めた。大学を優先しようとパチンコ店の出勤も減らした。

「どんどん風俗にシフトしました。ガールズバーは朝5時帰り、それで9時からの一限に出ていたから本当にツラかった。あとガールズバーは時給カットみたいな制度があったので、あまりお金にならなかった。その時は小学校の先生を目指してて、風俗にシフトしつつ夢はあるので頑張れた。でも、風俗店で働いてると、ホストに行く子とかと知り合う。同じ風俗で働いている身なので、疲れたねとか言って仲良くなってホストに一緒に行くようになるんですよ。今までかつかつで働いてたのが、気づいたらお金は余るようになって、満たされるようになる。お金がなければ、最低でも一日1万円はここに来れば稼げるって感覚がつく」

しばらく、パチンコ店と風俗のダブルワークを続けた。大学2年になったときは風俗だけにした。大学も一限からちゃんと行けるようになり、講義中に眠ることもなくなった。

「マックスでも1カ月30万円稼げたらラッキーと思ってました。今まで10万ちょっとくらいだったものが、3倍だから全然いい。風俗は週末が仕事なので、だいたい週2～3日くらい。最初は大衆店でいろんなスカウトさんから話を聞いて、ほかのデリヘルに移ったんです。いろんなスカウトから紹介されるようになって、おっぱいパブも紹介された。デリヘルとおっパブのダブルワークです」

店を移るのは報酬を上げるのが目的だ。今まで1時間1万円だったが、1万20

00円になった。スカウトマンを使うことで情報が入る。女の子たちにとってスカウトマンはありがたい存在で、自分がいくらの店で働けるのか、どんな選択肢があるのか与えてくれる。

「当たり前ですけど、親には絶対に言わなかった。バーでアルバイトしてるとか、そんな感じでした。大学にはガールズバーとかキャバクラでバイトしてる子はたくさんいたので、風俗とは言わないで、それに合わせてました。キャバクラだって。大学の同級生とか仲がいい子も、キャバクラとは言っているけど、実際はどうなのかわからないですね。たぶん夜の世界だろうなって子は、本当にたくさんいました」

冬休みだけで100万円を稼ぐ

大学2年の夏休み、ソープランドの出稼ぎに行った。

風俗には出稼ぎという制度がある。地方から他県へ行く一般的な出稼ぎとは逆で、東京や大阪を拠点にする風俗嬢が期間を決めて、地方の店に出稼ぎに行く。10日〜2週間というまとまった期間に集中して働き、「収入が増える＋消費をしない」という環境に身を置くことでまとまったお金を手にできる。大学の長期休暇に出稼ぎする女子大生はたくさんいる。ハイクオリティーな女子が集まることで有名な大阪・飛田新地《とびたしんち》の夏は、現役女子大生だらけといわれる。

「ソープは出稼ぎからでした。大学2年の夏休み、冬休みは出稼ぎした。最初は沖縄那覇《なは》市の辻《つじ》と茨城の土浦《つちうら》に行って、60分1万3000円くらいの低いランクから始めた。那覇の海沿いにソープ街があって楽しかった。どんどん開拓して、旅行気分で気楽でした。私、鬼出勤するタイプではなかったので、週3日とか4日を繰り返して、夏休みだから出稼ぎしよう、このスカウトさん使ってみようとか。月20万円あれば生活はできたので遊び感覚でやってました。食べ物もコンビニで弁当買うのも厳しかったのに、個人経営の焼肉屋さんとかに一人で行ったり。しかも、高い肉を頼むとか。はぁ、こんなに幸せなことができるんだって」

年末年始は風俗の繁盛期だ。大学の冬休みを使って、年末年始に出稼ぎすると100万円は稼ぐことができた。

「大学2年のとき、あと3年のとき、年越しは出稼ぎで過ごしました。12月26日〜

1月5日までですね。100万円以上、持って帰りました。学校は行ってたけど、どんどん一限に行かなくなった。大学3年のときは大学より風俗が優先になって、教員になりたい夢は薄れたかな。どうしたらもっと稼げるか？　みたいなほうに意識が行くようになった。なんだろうな、教育実習ではないけど、実際の小学校に行ったとき、自分の子どもじゃない20〜30人の子どもの命の責任取るって、たぶん私には無理って思った。やる気がなくなりました」

そして、夢だった先生になることはやめた。大学3年の後期には、教職過程の授業には出なくなった。

「お前はどうせ底辺の女だし、金のためになんでもやるんだろ」

東京には緊急事態宣言が出ている。カラオケボックスも営業時間短縮で、閉店は20時となる。値段を下げてテレワーク用にもボックスを貸し出しているからか、お客は少なく、店内は静かだった。

春奈さんは東北から上京し、通常のダブルワークではお金が足りずに風俗嬢になった。人口構成上、客は親世代の中年男性が多く、風俗嬢は彼らと性的行為をする。まだまだ思春期である高校を卒業したばかりの子どもにそんな仕事をさせれば、良くも悪くも、意識は変わっていく。教員を目指して大学進学したが、風俗嬢をしているうちにどうやって合理的に稼ぐかに興味関心が向いて、夢は夢ではなくなった。

風俗に意識が傾いたのは、大学2年のとき。親世代の横暴な男性客に遭遇したことがキッカケだった。

「50歳くらいのおじさんにホテルに呼ばれた。会って挨拶した瞬間からすごく偉そうで、『君ってさ、現役の女子大生でしょ？　親は知ってるの、こんな仕事してさ』みたいなことを言い出したの。親にバレたらなんて言うの？　言えないでしょ？　って。自己紹介の段階で、それ。まあ、ああ〜って思ったけど、いや学費のためにとか適当に流して。親は何もしてくれないの？　金ないの？　金ないからこういう恥ずかしい仕事してんだよね？　とか。あ、そうですね、学費の足しになればと思ってやってますって」

日本はジェンダーギャップ指数が156カ国中120位と、国際的に男尊女卑の国として認知されている。昔から風俗嬢や水商売の女性への差別偏見は強く、風俗嬢をしていれば、男性客から見下されたり、説教されたりには、必ず遭遇する。

プレイをしながら、中年男性の質問責め。ひと通り暴言が終わったあと、中年男性は「自分は会社経営者で大きな仕事をしている。仕事ができる。金もある」という自慢話を語り出した。相づちを打って聞き、春奈さんは裸になって、中年男性の服も脱がした。

「すごいですねーって言って、お風呂に連れていった。体を洗ってあげると、普通の人は楽しんでくれる。けど、やっぱ『どうなの、君？　こんなおっさんの体を洗って？』って始まった。一日何人こうやっておっさんの相手してるの？　とか。おっさんのちんこしゃぶってるのって楽しいの？　とか。暴言が止まらなくて、会話を閉じちゃったら私も顔に出ると思ったから、適当に頷きながらごまかした。で、やっぱり本番強要が始まって、お前はどうせ底辺の女だし、金のためになんでもやるんだろ、もう挿《い》れてもいいだろ？　って。お店のルールで本番禁止です、すみませんって言って断ったけど、どんどんどんどん、しつこい」

中年男性は本番を断られてふて腐れた。何度も舌打ちをして「元を取らなきゃならねえのに」と、乱暴に胸を揉まれたことを覚えている。

「なんか、グダグダグダグダ愚痴を言われて、はぁ～と思って。お前こんなことしてるけど、将来どうすんだ？　とか、結婚できねーぞとか。俺の嫁はどうのこうので、一流のところ出てて、娘も私大かなんかの幼稚舎どうのこうのでって、自慢も混じって。お前、大学どこなの？　って。いや、もう普通の大学ですって答えたら、ああぁーだろ、うちの娘はお前みたいな風俗嬢とは違うからって。結局、しゃぶれってなって口内発射してました。こういう大人になりたくないな、って思ったし、こんな奴の相手している自分が情けなくなって、もっと客層がいい店に上がっていかないと、って思いました」

風俗は単価が高い店になるほど、客層はよくなる。余裕がある男性たちなのでルールを守って女の子に無理強いしないし、優しく接してくれる。同じ性的行為をしても、優しい紳士的な男性を相手にしたほうが単価が高く、横暴な悪質なオヤジを相手にすると単価が低いという傾向がある。

春奈さんは中年男性の暴言を浴びながら、もっとランクの上の店に行かないと、と思った。すぐにスカウトマンに連絡し、地方への出稼ぎ、吉原のソープランド、渋谷の高級デリヘルと紹介され、自分が最大公約数で売れる店で働こうと、様々な業態、働き方に挑戦した。

お金は得たが、夢はなくなった

「いろんな店を経験して月100万円くらいは稼げるようになりました。それで、今から1年くらい前にAV女優のスカウトを受けたんです。さすがにAVはまずいだろうって断ったけど、やっぱりまた押しに負けた。風俗嬢としては、稼ぐって目標があって、そのために頑張ってたつもりだけど、夢だった教員は諦めたし、未来像みたいのは何もなかった。30代、40代にはこうなっていたいっていうのが何もなくて、大学も休みがちになった。日々風俗嬢をしながら、明日事故に遭って死んでもいいや、みたいな感覚で生きていたんです。だからAV女優も、まあいいかってなった」

やると頷くと、とんとん拍子で話が進んだ。大手メーカーから専属女優としてのデビューが決まった。名前が与えられ、風俗で働いた過去は封印するように言われ、清楚な現役女子大生という売りでデビューした。

「今までは狭い中での性接待だったので、自分が表に立つやり方がわからなかった。単体だったのは半年くらいで、それから企画単体になって1年間で30本くらい出演した。風俗嬢になってからはそれがメインになって、AVまでやっちゃったので就活もしてないし、卒業してもAV女優は続けます」

結局、東京での生活苦がキッカケとなって、性行為漬けの大学生活となってしまった。単体AV女優まで昇りつめて達成感はあり、生活は満たされるようになったとはいえ、5年後、10年後の未来はまったく見えない。

「もっと売れたいって気持ちがある反面、普通の大学生に戻りたいって気持ちもある。けど、もうどうにもならないですけど」

最後、そう言ってため息をついていた。

第三章

最底辺風俗嬢

東京の風俗「最終地点」

２０２１年２月11日。東京・大塚にいた。駅前に路面電車が通るノスタルジックな風景で、北口の駅近くにはラブホテル街とピンクサロン街がある。

薄汚れたピンクネオンの看板が並び、看板には「３０００」「４０００」「Ｗ回転」という数字と文字が掲げられ、店前に客引きが立つ。ピンサロ密集地はどこの街でも、近寄りがたくて怪しい。ちなみに「３０００」「４０００」は客が支払う金額、「Ｗ回転」とは２人の女性が相手をする、という意味だ。

「フリー」として入店すれば、この金額以上は取られない。性的サービスの対価としては、ピンサロは圧倒的に安価だ。とくに大塚は、そもそも安価なピンサロのなかで最も価格が安い街として知られている。

ピンクサロンは男性客の隣に座る女性店員が性的サービスをする。価格が安いので、働く女性たちの報酬も低い。風営法上で〝ピンクサロン〟の項目はなく、接待と飲食をする社交飲食店で届け出をしている。法律的にもグレーである。届け出上では性的サービスを前提としていないので、シャワー室はなく、店舗も老朽化した場所を流用しているところが多く、基本的に不衛生だ。報酬が安く不衛生、そのうえ職場は老朽化しているので、誰も積極的に働きたがらない。

何も知らない素人女性がホステス業と間違えて応募入店したり、容姿やスタイルが基準に達していなかったり、加齢によってほかの業態では働けなくなった女性がピンサロに流れてくる。大塚は、東京の風俗嬢たちの終着点的な場所となっている。

鈴木梨乃さん(仮名/21歳)は大学3年生で、大塚でピンサロ嬢をしている。出勤2時間前に駅前のカフェで待ち合わせた。ぽっちゃり体型で童顔、大きな胸を強調する服装をしている。緊急事態宣言中は20時までの時短営業で、一日3時間程度しか働けないという。ピンサロは歩合制ではなく、時給なので収入は半減以下となる。

「風俗やっているのは大学1年の秋から。もう、2年以上やってるかな。学費のためです」

まず数ある風俗のなかで、どうしてピンクサロンをやっているのだろうか。21歳と若いので、選択肢はいくらでもあるはずだ。

ピンサロもオナクラもそんなに稼げない

――ずっと、ピンサロなの?

「最初に船橋のピンサロに体験入店しました。やっぱ誰にもバレたくないいし、後ろめたい気持ちがあったので、遠い店のほうがいいかなって」

――千葉県の船橋ね。

「すぐ辞めました。なんか店内が真っ暗だし、ソファもダニとかいそうな感じで。2~3日で辞めてオナクラに変えました」

――オナクラだと、手コキのサービスになる。

「手コキだけのところでやりました。そもそも体験入店に行ったのも、キャバクラのティッシュを見て応募して行ったらピンサロってパターンで、最初は風俗やるつもりはなかった。でも面接で体験しようってなって、そのままそういう仕事になっちゃった」

――面接で初めて風俗とわかるパターンだね。

「その日に、すぐお金くれるって言うからいいかなって」

女性に不人気のピンクサロンは、簡単に働く女性が集まらない。キャバクラやガ
ールズバーの仕事という求人広告で女性を集め、面接でピンサロであることをカミ
ングアウト、その場で口説くことをする。ピンサロには根っからの素人みたいな子
がいるが、何もわからずに面接に来て、そのまま働いてしまった女の子たちだ。

――客にどういうことするの?

「暗い場所でちょっとしゃべって、手とか股間を拭いて咥えて、おしまい」

――キャバクラと思って面接に行ったのに、性的サービスは大丈夫だったの。

「そのあと、キャバクラも何回かやったけど、たぶん風俗のほうが合ってるんだろ
うなって思った。キャバクラは遅刻すると罰金でどんどん給料が引かれるし、なん
か厳しかった。3回の遅刻で5000円給料から引かれて、風俗のほうが向いてい
るって思ったかな」

――大学に行きながら、どういうスケジュールで働いたの?

「普通に空いているとき、今日行きますって。シフトも出すけど、ぽって空いたと
きとかに今日、行っていいですか? って働いてる。でも、オナクラもピンサロも、

そんな稼げないので週5日とか6日とか出勤してました」

――オナクラはあまり稼げないんだ。

「基本単価は安いけど、裏枠で稼げる。裏枠で口でやるとか、口内発射とかすると、別料金になる。それが続くと3万円とか一気にいきました」

――個人でやっているの、それとも店がやれって言うの。

「店の人に裏枠があってねって言われた。ヘルス的なことをすると、脱ぐだけでもオプション代が取れる。裏枠はバックが全部返ってくるから、すごく稼げる」

――オナクラの時給は、どれくらいなの。

「時給2000円、あとは裏枠。コロナになるまで、同じ店でずっと続けてました」

学費として毎月10万円を母親に

大学3年の春に新型コロナ騒動となった。オナクラ店は潰れてしまって、今働いている大塚のピンサロに移っている。

――どうしてピンサロなの。ほかにもありそうだけど。

「でも時給制なので、お客が来なくてもお金は入るからかな」

――時給いくらくらいなの？

「2000円」

――めちゃくちゃ安いね。

「でも、指名のバックがあるし、一日1万～1万5000円くらいにはなる。けど、精液を口で受けるのは、何度やっても嫌。まずいなーって思いながらやってる。リステリン原液でうがいして、また別のお客さんに付く。その繰り返し」

――しかも、コロナで20時までだからお金にならない。

「だから学費払うの、メチャ厳しい。お母さんに毎月10万円渡すんだけど、もう無理です。本当にキツい」

梨乃さんは大学1年の秋に、母親に「（学費として）毎月10万円を振り込むように」と言われている。それがキッカケで風俗嬢になっている。

それまで、高校時代から続けていたファミレスでアルバイトをしていたが、どう働いても月10万円を浮かせるのは難しかった。水商売に挑戦しようと、路上で受け取ったティッシュにあったキャバクラに電話。面接に行くと、そこはピンサロだった。

父親は借金、母親は精神疾患

「ずっと実家に住んでいます。家族は両親と私、3人家族」

高校時代からオタクで、しゃべるのは苦手なようだ。彼女は話しかけたり、質問してもあまり流暢《りゅうちょう》な言葉は返ってこない。千葉県にあるFランク大学に通い、大学の勉強にはあまり興味がない。在学中にピンサロ嬢になったのは学費のためで、家族仲は悪いようだった。

――学費を自分で払っているのは、どうしてなの？

「母が数年前に病気になっちゃって、お金がないって。精神疾患です。うつ。もともと、そういう感じの人だったけど、ひどくなりました」

――それまで共稼ぎだったの？

「裕福な家庭じゃないので、そうです。父親はもう高齢で60代、今も普通に事務員してます。母親は40代後半、病気になるまでは近所のスーパーでレジ打ちしてました。学費ってすごく高いので、払えないのは、それはそうだろうなって思う」

——うつとなると、お母さんは身体が動かなくなった？

「ある日いきなり……、がくんってきた。躁鬱《そううつ》なので、激しいときと沈んでいるときの波がある。父親は借金とか浮気とか、そういうことをしているみたいで、母親が頻繁にヒステリー起こすみたいな感じ」

——激しいときはどうなるの？

「普通に怒り散らかしたり、買い物いっぱいしたり。夫婦喧嘩になると、母親がずっと怒鳴ってる。お前、なんで生きているの？　みたいな」

——お父さんに「なんで生きてるの」って叫ぶの？

「お前のせいでどうのこうのとか。父親に借金があるって、小さい頃からずっと言っていて。なんの借金かはわかんない。うちには借金があるって、ずっと言われていて、母親が暴れ出すと父親は小さくなっています」

家族のことを本当に興味なさそうに語る。3人の核家族は冷めきっているようだ。

父親は非正規雇用の60代事務員、母親はスーパーのレジとなると、おそらく世帯収入は相当に低い。300万~400万円かもしれない。さらに父親に借金があり、母親が精神疾患で働けないとなると、学費どころか最低限の生活をするのも苦しいだろう。

母親が奨学金をフルで借りた

――60代で収入高くないのに、お父さんは浮気できるの?

「知らないです。私、父親のこと好きじゃないので。具体的に何がって言えないけど、なんか気持ち悪い。存在が気持ち悪いです。詳しく知らないけど、たぶんそういうお店に行ってたんじゃないですかね」

――お母さんが過剰反応しているってことだ。

「だから、家はずっと貧乏でした。おもちゃとかも買ってもらえないし。あ、でも、母はけっこうブランド物は持っています。ヴィトンが好きみたい。どうやって買っているのかわからないけど」

――お母さんは精神疾患のヒステリーで、お金と父親の悪口ばかり。

「そうです。私も高校時代からお前の学費がどうのこうのって言われて、バイトしろって言われてファミレスで働いてました。高校の学費は払ってくれたけど、携帯代とか食費は自分で払ってました」

――都立高校の学費まで文句を言われると厳しいね。

「お前の学費にいくら使ってて、うちには金がないってずっと言われた。母は基本的にお金の文句しか言わないです。無駄遣いばかりして、みたいな感じ」

――3人家族なのに、両親のどちらも嫌いなんだね。

「本当にうるさいので、嫌です。嫌いです」

――大学は都立高校の10倍以上、お金がかかるよね。

「詳しくはわからないけど、奨学金をフルで借りているみたいです。母は私が高校3年のとき、奨学金の制度を知ってから急に態度が変わった。いつもは大学なんて無駄遣いみたいな感じだったけど、大学くらい行っておかないと、みたいな感じになりました、急に。それからヨイショヨイショ、行け行けみたいなときがあった。それで入学したら学費がたけーんだよ、お前のところはみたいな」

――いつから風俗始めたの。

「大学入って半年くらいしてから。母親に奨学金の返済があるから、バイトして毎月10万円が必要だって。ファミレスだけじゃ10万円は無理、だから風俗です。ずっとオナクラやってて、半年くらい前からピンサロ」

――奨学金の返済って大学卒業してからだよね？

「よくわからない。大学への支払いとか、奨学金の返済は全部母親がやっているので」

梨乃さん自身が奨学金のことをわかっていないので、話が合わない。どうやら母親が奨学金や、梨乃さんから受け取る月10万円の学費を着服している可能性がある。都立高校の学費の支払いも渋っていた母親が突然進学を応援したのは、お金が借りられる制度を知ったからかもしれない。ピンサロで働いたお金、もしくは毎月振込まれる奨学金は、母親の懐に入り、それが好きなブランド物の原資となっているのか。

奨学金が批判される理由

たびたび「金融ビジネス」「若者を借金奴隷」と問題にされる奨学金とは、主に日本学生支援機構の貸与型奨学金のことだ。梨乃さんの母親も、梨乃さんの名義を使って利用している。

日本学生支援機構ができたのは2004年。小さな政府、高等教育の受益者負担の方向性を打ち出した小泉純一郎政権(当時)は、修学困難な学生に学資を貸与する日本育英会を廃止。独立行政法人日本学生支援機構に改編し、そこから奨学金は金融ビジネスとなった。

それまで奨学金事業を担った日本育英会の無利子奨学金は、政府貸付金が財源だった。しかし、独立行政法人に改編以降、外部資金を導入、財政投融資や民間資金が奨学金の財源となった。財政投融資が財源の有利子貸与は、住宅ローンと同じ金融ビジネスなので、利子付きで回収して利益を上げなければならない。当然、回収も日本育英会時代と比べてきわめて厳しくなっている。

返済ができなくなったら返還期限の猶予、減額返還、返還免除の制度があるものの、延滞金が科され個人信用情報機関に登録される。ブラックリストに載るとクレジットカードや住宅ローンが利用できないのは当然として、最終的に本人と連帯保証する親が破産みたいなことになる。

日本学生支援機構の奨学金は、無利子の第一種と有利子の第二種がある。第一種は「特に優れた学生及び経済的理由により著しく修学が困難な者に貸与」（日本学生支援機構ＨＰ）で、自宅、自宅外で上限金額が異なり、自宅だと月額5万４０００円になる。第一種利用者は有利子の第二種も併用することができ、第二種は月額２万〜12万円の範囲で、１万円刻みで借入金額を選択できる。

「（母親は）奨学金をフルで借りていると思います」と言っている。仮に第一種、第二種をフルで借りたと仮定すると、卒業時の借入金額は８３５万２０００円となる。その元金に上限３％の利子が付くので、どう考えても人生に大きく影響する。卒業と同時に自己破産相当の負債を背負って、奨学金が理由で結婚や出産を断念する若者が膨大にいるだろうことは、容易に想像がつく。

辻褄が合わない母親の「返済計画」

——学費は年間どれくらいかかる？　100万円くらい？

「110万円ちょっとです」

——どうして奨学金を借りているのに、お母さんに学費を払うの？

「だって、払えって言われてるから。入学のときはお金のことは言われなかった。けど、働けなくなってから、もう無理だから学費を毎月10万円稼ぎなさいって。お金がない、お金がない、お前の学費なんて、みたいな」

——それまで学費のことは言われなかったのに、自分が働けなくなってから学費のことを言われた？

「なんか、いきなり。お前の学費はもう払えないって。私はもう一生働けないから、お金がない、学費は無理だって」

——でも、もともと収入がないからお母さんが払っていたわけじゃないよね。お金を借りて払っていたのに。そう言われて、どう思ったの？

「そうですかってなって。お父さんは何も言わない、助けてもくれないし。助けを求めたわけじゃないけど、そう、みたいな感じ。母があまりにしつこく言うので、じゃあ私が働いて払います、ってなった」

——それで風俗嬢になってしまったと。

「そうです」

おかしな点がたくさんある。都立高校の学費も支払いを渋っていた母親は、高校3年になってから突然大学進学を薦めた。大学1年の4月、日本学生支援機構の奨学金、もしくは金融機関の教育ローンを借りて大学進学。9月に母親の精神疾患が悪化して働かなくなってから、学費を支払うのは無理だと言い出した。そこで、毎月10万円を母親に支払うように求められる。そして、梨乃さんは母親に払う10万円を稼ぐために風俗嬢になっている。そもそも母親は収入がないので、学費を自分で払っていたわけではない。

大学学費の納入、奨学金の管理は母親がやっている。第一種&第二種奨学金をフルで借りているとなると、月17万4000円の振り込みがある。年間208万8000円だ。第二種だけだったとしても年間144万円であり、大学の学費110万円は奨学金ですべてまかなえるはずだ。

しかし、梨乃さんは毎月10万円、年間120万円を母親に渡している。奨学金がまるまる、家庭の生活費や母親の懐に組み込まれている可能性がある。奨学金は母親ではなく梨乃さんの借金になること、大学卒業後に支払いが始まることなど、彼女は奨学金の仕組みを何も知らなかった。

どうしようか迷ったが、計算が合わないことを伝えることにした。

楽しいことなんて何もないし、ツラいだけ

——毎月10万円は厳しいね。ファミレスじゃとても稼げない。

「毎月、お母さんの口座に10万円を入れていく感じ。学費はそこから自動で引き落としされているって言っていました」

——まず入学のとき、お金は借りたの？

「借りました。お母さんが全部やったのでわからないけど、入学のときに80万円は必要だったはず」

――奨学金をフルで借りているなら、毎月10万円は必要ないよね。あと奨学金はお母さんの借金じゃなくて、梨乃さんの借金になるんだよ。

「えー、そうなんですか？　10万円は学費と奨学金の返済だって」

――学費は年間110万円、梨乃さんが払っているのは年間120万円。奨学金は借りる必要がないよね。

「でも、フルで借りているはずです。何度もそう聞いたし。じゃあ、私の今までのお金、どこに行っちゃったんですか？」

――奨学金の返済は卒業して、梨乃さんが20年間をかけて返済していく。たぶん、年末くらいに返済計画の書類が届く。

「えー？」

――日本学生支援機構の奨学金を本当にフルで借りていたら、とんでもないことになる。確認したほうがいい。

「何もわからないんです。お母さんが全部やってて、本当に」

――最悪のケースだと、入学のときの80万円の教育ローン、それに日本学生支援機構の奨学金が８００万円以上。合わせて９００万円超みたいなことになる。お金のことは自分でやったほうがいいよね。

「お母さん、働いてないのにブランド物をたくさん持ってる。お金、どうしてんのかなって思ってたけど……でも、いろいろとツッコんで聞くとキレちゃうので。どうしよう」

——何をツッコむの。

「お金を何に使うの？　とか。お金のことを聞くと、キレちゃう」

——嫌な予感がしてきたね。

「キレちゃうから面倒くさくて口出せない。怒鳴られるのは嫌だから。でも、大学生になってずっとピンサロみたいなところで働いて、けっこうツラい。楽しいことなんて何もないし、ツラいだけ」

最も稼げないピンサロで働いて、やっとの思いで月10万円をつくって母親に振込んでいる。10万円は大学1年の9月から払っているので、もう総額３００万円近くになる。そして、来年卒業して日本学生支援機構の総額８３５万２０００円の返済を求められるかもしれない。

梨乃さんは、どうするのだろうか。

新型コロナで死に体の下層風俗嬢

緊急事態宣言が続き、大塚のピンクサロンも、20時までの時短営業だった。20時になるとピンサロを含む、すべての店は電気を消して閉店準備となる。ピンサロ街の方向から女性が続々と駅に向かう。おそらく仕事を終えたピンサロ嬢たちだ。彼女たちの疲れた後ろ姿は、もの悲しかった。

20時15分頃。大塚駅前にピンサロの仕事を終えた加藤恭子さん(仮名/21歳)がやってきた。九州出身、福祉系大学3年生だ。学費と生活費のために大学1年からピンサロや激安デリヘルで働き、今も大学生をしながら風俗のダブルワークを続ける。自宅は西武線沿線で家賃5万5000円、日本学生支援機構の第二種奨学金を月8万円借りている。

大塚駅前の店は、どこも開いていない。仕方ないので、反対側の南口駅前で話を聞くことにした。肌寒いので何本か缶コーヒーを買う。

「ピンサロは今、12時～20時の営業でシフト制。いつもは16時からの遅番なので4時間しか働けない。コロナでお客さんは半分くらいに減って、私は大丈夫だったけど、みんな出勤制限がかかったり、お客さんがいなかったら早退させられたりしてる。店はそういう人件費削減をしていますね」

コロナによって風俗嬢の働き方は大きく変わってしまった。デリヘルやソープランドなど、一般的な風俗店は完全出来高制で、お客が減るとダイレクトに収入が減る。お客が半減したなかで収入を維持させるためには、長く待機してお客を取る、もしくは直引《じかび》きするか。直引きとは、お客さんと店を通さずに会って稼ぐこと。風俗嬢たちは、それぞれ工夫しながら生き残りを図っている。

一方、ピンサロやキャバクラは店舗型の営業で時給制だ。女の子たちは店側に管理されている。店の支出は人件費がほとんどで、出勤日数や働ける時間を減らして調整する。お客が半減すると、女の子たちの働く時間も半分に減らされて時給制のキャバ嬢やピンサロ嬢たちは、コロナの影響をモロに受けている。恭子さんが勤めるピンサロは、若い女の子は現状維持、売れない女性や年配女性の勤務時間が減らされているようだ。

時給2300円、16時間連続勤務

「上京してすぐデリヘルで働いて、それからピンサロに移った。いろんなピンサロで働きました。回転系の店でみっちりやっていたときは、朝7時~23時の通しとか。時給2300円くらいだったかな。休憩なしの2300円×16時間で、日当はまぁ3万6000円くらい。夏休み中はそれを週5日とかやって月収は70万円くらいでした。そこまでやると、さすがに疲れます。ずっと誰かと性行為をしているので、本当にキツイです」

ピンサロは隣にいる男性客の男性器をおしぼりで拭いて、口淫し、射精に導く。フィニッシュは女性の口内なので、まさに精液まみれとなる。東京のピンクサロンは2回転、3回転の制度があり、ピンサロ嬢たちはひたすら口淫という過酷な労働になる。

「回転系の忙しい店だと、本当に一日100人とか。キツいです。回転だからバックが付かないので、モチベーションが上がらない。余計にキツい。どんだけフェラをやらされても、報酬は時給だけ。普通、ピンサロって一人付いたら時給とは別にプラスいくらっていうところが多いけど、回転系の店はもともとの客が払う金額が安いから、女の子にバックが入らない。私がいたところは、そういう条件の悪いところ。だから、今の大塚では回転なしの店でやってます」

恭子さんは少しポッチャリとした体型で、雰囲気は地味だ。やはり中学や高校のクラスでは目立たないタイプだったようだ。九州の実家は、シングル家庭。物心ついた頃から父親はいなくて、母親は雇われの美容師をしながら恭子さんを育てた。美容師の収入は低い。大学進学費用をまかなえるような家庭ではなかった。

「母子家庭で、さらに現役時代に未払いで年金をもらえていない祖父母がいた。母親は給料13万とか14万円で、住宅ローンも抱えている。お金はまったくないと思います。家庭が経済的に苦しいのは、一目瞭然だったので、高校時代からバイトしてて家にお金を入れていました。高校1年のときから扶養控除ギリギリくらいまでバイトして、月4万円を家に入れてました」

高校時代は、ホテルの配膳の仕事をした。授業が始まる前のモーニングの時間に働いたり、学校が終わってから駆けつけてディナーの配膳をした。学校とバイト先の往復で、恋人みたいな存在はできたことがなかった。恭子さんはなんと処女のまま上京、男性経験が一切ないままデリヘルに勤めている。

太っているので単価が高いところは無理

高校3年のとき、将来は高齢者介護か保育か迷った。資格が欲しいと思ったので、結局、社会福祉士養成の大学に進学する。

「資格も欲しいと思ったけど、東京に行きたいと思ったので、無理して進学しました。貸与型奨学金を月10万円ぐらい借りることにして、奨学金は全部学費に充てています。あとはバイトで稼いで生活しようって。家賃と生活費で最低13万円くらい必要。上京してすぐに飲食店を掛け持ちでバイトしたけど、やっぱり全然お金が足りなくて、夏前に風俗始めました。最初は激安デリヘルみたいなところに行って、それからピンサロです。ピンサロは大塚以外にも、巣鴨《すがも》とか五反田《ごたんだ》とか、いろいろ行きました。安い店ばかりなのは私、太っているので単価が高いところは無理かなって」

初めての性体験はデリヘルに面接に行った時。ラブホテルに連れていかれ、店長から講習を受けた。風俗店の講習はスタッフを男性客と想定してサービスをする。

「処女だって言ったら、最初から発射までやりました。普段は発射までやらないらしいけど、まったく経験がないんだからやろうと。最初は男性の裸とか男性器とか、やっぱり気持ち悪かった。触るどころか見るのも抵抗があって、しばらく嫌々やってました」

大学に行きながら月13万円を稼ぐのは、風俗しかなかった。

恋愛経験なし、男性経験なし、処女――。恭子さんは自己評価が低い。ガールズバーやキャバクラは美人が働くというイメージがあり、風俗も高級店は若くてかわいい女の子ばかり。自分は安価な店しか採用されないだろうと、激安系の店を選択。最底辺と呼ばれるピンサロで働くのも、自分のレベルに合っていると思ったからだ。

大学1年の夏から風俗嬢になって、冬休みにはピンサロ嬢になった。それからずっと男性器にまみれた大学生活を送っている。

卒業しても風俗続けます

先日、介護施設に実習に行った。高齢者施設で働こうと思ったので、社会福祉士以外にも初任者研修を受けている。

「初任者研修の実習があったんですよ。グループホームに行ったけど、ちょっとできないなって思いました。やっぱシモのお世話とかあるじゃないですか。そもそも基本的なことだけど、それがダメで。ピンサロで男性器は大丈夫だけど、シモは苦手。臭いのがすごく嫌でした。社会福祉士は相談職なので介護とは少し違うけど、介護施設を見て、心からやりたくないなって。だから、福祉の仕事はどうでもよくなりました」

実際に進学して方向性が違うと思っても、第二種奨学金を借りているので、毎月10万円が積み上がっていく。来年、卒業のときには借金は480万円になる。そして、すぐに返済が始まる。

「大学卒業はできるけど、社会福祉士の試験は受からないと思う。大学と生活するためのピンサロで精一杯だし、何十教科も勉強するのは無理です。それに、福祉の仕事をしても賃金が安いから奨学金は返せないだろうし、480万円も借金背負ってしまうので、卒業しても風俗続けます」

日本育英会の貸与奨学金が独立行政法人化して金融ビジネスになったのは、小さな政府を目指す新自由主義の一環である。残念ながら、恭子さんが目指した社会福祉士や介護福祉士が誕生したのも、超高齢社会を迎えるにあたって介護事業を民営化させるための施策であり、国家資格をつくれば人が集まり、資格養成ビジネスが活気づく。

九州の田舎で地味な女の子だった恭子さんは、高額な資格ビジネスに誘導され、そのために必要な資金を国が用意した金融ビジネスから借り、とても480万円の元がとれるとは思えない低賃金職に就こうとしていた。何重もの搾取の真っ只中にいるので、順調に行くはずがない。

そして、その穴を埋めるために選択したのが過酷な労働に見合わないピンクサロンで、たいして稼げていない。卒業後もピンサロを続けてその金融ビジネスへの返済をするという。

東京に出てきて3年が経った。結局、ピンサロ仕事に追われて恋愛することはなかった。毎日、知らない人の男性器に囲まれながら、まだ処女のままだ。

第四章

性を売るエリート学生

慶大生「夜職」の実態

「ナカムラさん、お久しぶりです。同じ学部のウリ専やってる男友達が取材を受けてもいいって言ってるんですけど、どうします？」

2021年2月初旬。現役の慶應義塾大学3年生、美咲さん（仮名）からLINEが来た。彼女は名門公立高校を卒業し、現役で慶應義塾大学に進学。入学後、すぐに川崎・堀之内のソープ嬢になった。大学はリモート授業だが、毎日顔を合わせているうちに、大学内で自然と〝夜職する苦学塾生グループ〟ができたらしい。美咲さんにすぐに電話した。

「慶大生が裕福というのは単なるイメージですよ。慶應にも学費のために夜職やっている子はけっこういて、だいたい親の世帯収入が平均くらい。普通の家庭の子どもですね」

日本の平均世帯年収は552万3000円、中央値は437万円（19年、厚生労働省調べ）だ。大学授業料は国立で年間53万円、私立文系で80万円程度、私立理系で110万円程度かかる。今の日本は、平均的世帯では子どもの大学費用を払うこと自体が難しい。生活費がかかる自宅外となると、なおさらだ。

「慶應は無理してでも進学する価値があるって思うだろうから、意外と貧しい学生は多いんです。普通の家庭だともう親を頼れないから、卒業するためには夜職するしかないわけです。私のまわりだけでもキャバ嬢、ソープ嬢、デリ嬢、ホスト、ウリ専がいますよ」

全国から学生が集まる大学は、だんだんと人間関係が広がる。入学して1年くらい経つと、大学で知り合った者たちの背景がわかってくる。

「大学で夜のお仕事、水商売の話をするときって、そもそも情報交換するために知り合ったとかじゃなくて、もともと友達の友達だったり、友達だったり。だんだん仲良くなっていくうちに、実はこういう仕事してるんだよねっていうようなパターンが多いかな。自然な流れで、大学内で夜職やっている友達が増えた。なんとなく、苦学生グループができたみたいな感じです」

美咲さんは大学1年の春から、風俗とパパ活で稼ぎまくっていた。社交性がある性格で、苦学塾生グループの中心メンバーであるようだ。コロナ前に通学していた頃は、学食でランチしながら夜職の厳しい日常を語り合っていたという。昼間に大学で愚痴をこぼし、「今日も頑張ろうね」とそれぞれ若いカラダを売るために夜の街に出勤する。そんなキャンパスライフだったようだ。ウリ専の慶大生に会いたいと伝えると、すぐに連絡をしてくれた。

松坂桃李似のイケメン

大学生の貧困に、男女差はない。親の収入が平均並みかそれ以下の世帯の子どもは、女子学生も、男子学生も、同じように経済的な苦境に陥っている。

数日後、見城裕也さん（仮名／21歳）はやってきた。松坂桃李似の筋肉質なイケメンだった。慶應義塾大学に通いながら、ある繁華街でウリ専ボーイをする。ウリ専とはゲイ向けの風俗店で、男が男にカラダを売る業態だ。まず、美咲さんが言っていた〝苦学塾生グループ〟について聞く。

「大学には水商売もいるし、風俗嬢もいます。見た目ではわからないですね。キャバ嬢とかガルバーで働いている子はけっこう派手だけど、風俗やってる子は全然派手じゃない。キャバとかガルバーより、バレるのを気をつけなきゃいけないから、気を使って普通の格好をしていますね。基本的には、みんな真面目に大学生をしています」

入学してから丸3年が経つ。学生生活を送るうちに友達は増え、彼ら、彼女らの生活や背景も見えてくる。水商売や風俗をやっていると、自分で意識はしなくても、生活時間帯や収入、持ち物や消費が変わる。裕也さんは、大学の友人・知人たちのちょっとした発言や行動で同業だとわかるという。

「基本的に全員、夜職のことは隠してる。けど、友達になって、何かキッカケがあってどちらかからカミングアウトしちゃう。カラダを売るって、やっぱりしんどい。そのときにツラくなって言い出すとか。あとSNSの投稿でだいたいわかる。たとえば、どうしてこんなもの買えるんだろうとか。ふと疑問を持った瞬間に、やっぱり同じ水商売をやっているんだろうなって気づきます。去年まで学費に困っていたのに、ブランド物を持っているとか。あと絶対自分じゃ買わない、お客さんからのプレゼントでしょって類いとか。この人、どうしてこんなに旅行に行ってるんだろうとか」

現役大学生は、性を売るには最も旬な年齢だ。それは女も男も変わらない。勤務する水商売や風俗店では価値が認められて、それなりに売れているはずだ。水商売で女を売れば常連客が付き、裸になれば高級店で買い手がつく。

水商売や風俗は、新型コロナウイルスの影響が最も大きかった産業のひとつだ。しかし、夜の世界には若いほど価値が認められる〝逆年功序列制〟がある。コロナによって売上げが半減し、生活を直撃するのは、まず中位以下に位置するベテランからとなる。そもそも売上げが高い大学生たちは、収入が半減しても余剰金がなくなるだけ。コロナ禍でベテラン風俗嬢たちはパニックになっているが、多くの大学生たちは出勤すればお客が付くので、経済的な問題は解決している。

やっていることは普通じゃない

裕也さんは同じような境遇のキャバ嬢や風俗嬢、ホストをする大学同期が現れると、ホッとするという。同じ学部学科の美咲さんには、最初にウリ専をしていることことを伝えている。

「やっていることは普通じゃないし、できればやりたくない。仕事でちょっとしんどいことがあったときとか、誰にでも言えることじゃないので、吐き出せる存在があるとないとでは全然違います。ウリ専をやっていると、しんどいことも多い。だから、大学では人を選んで話しています。大学に話せる友達がいることで、すごく助かっていますね」

彼は一般的な異性愛者だ。しかし、ゲイを相手に性的行為を売っている。

男同士の性売買は、「女性器に男性器を挿入する」ことを禁じる売春防止法には該当しない。そのため、どんな行為をしても違法ではなく、サービスには挿入行為も含まれる。

ウリ専もAV女優や風俗嬢と同じく、店にとってはカラダを売る男の子ありきだ。ウリ専ボーイが働きやすいように、タチ（挿入する側）ウケ（挿入される側）を選択できる。彼はタチを選び、男性相手に口淫したり、勃起した男性器を客の尻穴に挿入したりする性行為を提供している。

男ならば誰もが思うだろうが、異性愛者が男性相手に性的行為をすることは、なかなか厳しい。ほとんどの人は生涯経験することはないはずだ。相当なストレスがかかることは容易に想像がつく。

裕也さんは、どうしてそのような過酷な仕事をするのだろうか。

実家が地震で被災し仕送りがストップ

「ウリ専は、去年の4月頃。ちょうどコロナで街に誰もいなかった時期に始めました。家業の経営がおかしくなったのがキッカケです」

地元の最難関高校から、一般入試を突破して慶應大学に入学。初年度納入金は親が支払い、家賃6万円のアパートを契約して上京。入学のときは、親から毎月5万円の仕送りが振り込まれた。日本学生支援機構の第二種奨学金で月12万円の満額を借り、企業のアシスタントのアルバイトで月7万～8万円を稼いだ。総収入は月24万円、家賃6万円を払っても18万円が残る。入学当初は、ゆとりある学生生活だった。

しかし、2018年9月に北海道胆振《いぶり》東部地震が起こった。地震によって家業がおかしくなった。

「最初は、普通の大学生活が送れていました。でも、北海道で大きな地震があったじゃないですか。うち、実家が自営業で、自社ビルが崩れたりとか建て替えがあって、実家の家業が厳しくなった。さらにコロナで売上げが下がって、今はもうすごい火の車状態なんです。それでっていう感じですね」

家業は塾経営。地震によって教室が壊れ、多額の修繕費用がかかった。お金をやりくりしているうちに、次は新型コロナウイルスが蔓延《まんえん》して生徒の集客ができなくなった。授業をオンラインにしても生徒離れは止まらず、東京の大学に通う息子に仕送りができる状況ではなくなった。

「まず地震で月5万円の仕送りがなくなりました。それだけじゃなくて、学費も払えないから、奨学金から家賃を引いた金額6万円を学費として戻してほしいって。家賃を引いて月18万円あった収入が、一気に7万円に減りました。さすがに、どうしようってなりました。しばらくは、その収入だけで頑張った。一応、生きてはいけます。長期的に見て必要なもの、たとえば服とか靴、鞄《かばん》とか、身につける系のもの。今買わなくていいけど、長期的に絶対に必要なもの。値が張るものは、一切買えない。あと、授業で必要な参考文献が買えない。学術書って高いので。カツカツすぎて、しんどくて。大学3年になって専門課程が始まる、まとまった参考文献を最初に揃《そろ》えるので、やっぱりお金が必要だなって。それで腹を括ってウリ専をやることにしました」

ホストクラブに体験入店

裕也さんは、親から「アルバイトは扶養は超えないように」と言われている。扶養とは税法上の配偶者控除のことで、長年年収の上限が103万円だった。103万円を超えると所得税が発生し、106万円を超えると勤務先で保険加入の義務が生じる。130万円を超えると社会保険の扶養から外れてしまう。2018年1月に税制改正があり、現在は配偶者特別控除が受けられる上限が201万円まで拡大。税金や社会保障費は、一定金額以上を稼ぐと学生にも容赦なくかかってくる。

「収入に制限があるので、現金の手渡しで足がつかないお金が必要でした。そうすると、どうしても水商売や風俗になってきます。だから、大地震があった大学1年の後期からいろいろ試しました。まず、ホストの体験入店をやりました」

使えるお金が月18万円から7万円に減った。それまで親は学費年間120万円と仕送り年60万円、180万円を負担してくれていた。しかし、地震以降は学費年間72万円、仕送り年間60万円、あわせて132万円は裕也さん自身が負担することになった。さらに扶養の上限額150万円以上は稼いではいけない、という条件が付けられた。

学校の授業は忙しく、さらに昼間にアルバイトもしている。お金だけでなく、時間もないなかで、選択肢は水商売か風俗しかなかった。

「ホストの体験入店は、仕事を教えてもらいつつ、一日だけホストとして働き、体験してから在籍するかしないか決める制度。バックもあるし、時給もあるし、体験入店でも最低日当1万円は稼げます」

ホストの雇用はフル出勤するレギュラーと、シフト制の時給のバイトで分かれている。

どこのホストクラブでもたいてい大学生は働いている。ホストになった男子学生は、まず時給で働く。時給の相場は繁華街によって異なるが、1300～1600円くらいか。

「もちろんバイトでもドリンクバックはあって、指名されたら歩合も出ます。でも、ホストはお酒を飲んでしゃべってなんぼで、水商売は初めてだし、初めて会った人とそんなに盛り上がれるかっていうと、そうじゃなかった。あと、勤務時間外でもお客さんと連絡を取るので、膨大な時間が拘束される。ホストは難しいなって」

未成年だったので、お酒を飲めない設定でホストになった。ホストの世界は甘くなかった。お酒を飲まない、しゃべれない――では、とても乗り切れなかった。早々とホストは断念。しばらく月7万円でギリギリの生活を送った。洋服や遊ぶお金だけではなく、書籍や食費も削らないと、お金が足りなくなる。消費の配分を間違えて交通費がなくなったり、一日一食も食べられないみたいな日もあった。食べ物が買えない貧しさは、心が荒《すさ》んで惨めになる。大学3年になるとき、覚悟を決めてカラダを売るウリ専をやろうと思った。

「大根の泥を落とす」感覚で客のペニスを洗った

ウリ専ボーイは同性愛者の男性がやっているわけではない。同性愛者はせいぜい2~3割で、ほとんどは異性愛者の一般男性だという。彼は仕事として男性相手にカラダを売る。裕也さんは大手ウリ専に所属している。男性客はホームページで写真を眺めて、目当ての男の子の出勤日を確認、指名予約する。裕也さんはプレイルームに出勤し、指名された男性客相手に性的サービスをする。行為の内容はキス、全身リップ、生フェラ、ゴム挿入、発射と女性が働く風俗店と同じだ。

「男女の風俗店ってサービスする側が女性でお客さんが男性だと、本番って絶対にダメじゃないですか。法に触れるので。でもウリ専って、男×男なので規制する法律が何もない。だからどこまでもできてしまう。でも、お店ごとに一応ルールはあって、フェラは生、挿入はゴムとか」

報酬は完全出来高制で70分、100分、130分とコースがある。70分コースでは客が1万4000円支払い、ウリ専ボーイには7500円がバックされる。価格帯は若い女性が働く中堅〜高級デリヘルより安く、女性風俗店の6〜7割程度の価格となっている。

裕也さんの初めてのお客は、50代半ばの男性だった。

「最初は男相手なんて絶対に無理って思っていました。でも、やってみるとキツイはキツイけど、思っていたより抵抗はなかった。最初はちょっと汚めのおじさん。想像どおりに汚いからこそ、汚れ仕事だと思って耐えられたのかな。もちろんフェラもしたし、挿入もしました。でも、始める前に相当な覚悟をして、頭の中でいろいろシミュレーションしていたので、こんなもんかと」

性的サービスするのは、シャワーのある店のプレイルーム。ほとんどの客は一番安価な70分コースを選択する。

「だいたい70分の時間配分は決まっていて。最初5分はトーク。二人掛けのソファがあって隣に座って、今日は何してたんですか？　みたいな雑談。そのあと、一緒にシャワーに行く。10分くらいでシャワーだったり歯磨きだったり、うがいだったりを終わらせる。行為が終わったあとに同じ15分間があるので正味は40分ほどです」

50代半ばの男性はうれしそうに話しかけてきて、全裸になった。裕也さんも裸になってシャワー室に行く。客のカラダを洗うのはウリ専ボーイの仕事で、その時、生まれて初めてほかの男性の男性器に触れた。

「これはチンコではない、みたいな意識ですね。モノだと思った。大根の泥を落とす、みたいな気分でチンコを洗いました。触れるので勃起する。ちゃんと洗わないと、それを口に含んだりするのは自分なのでしっかりやります。普段、銭湯とか行ってても人の陰部なんてまじまじと見ないじゃないですか。急に仕事で男性の陰部をまじまじと見なきゃいけない、というのはツラかった。でも、慣れます。すぐ、何も感じなくなる。たぶん、風俗嬢も感覚は同じだと思う。結局、プレイは無事に終わって、お金をもらった。その時は、こんな簡単に自分のカラダってお金になるんだって思いました」

人気ウリ専ボーイ

裕也さんは19歳と若かった。それに筋肉質でイケメンである。すぐに人気ウリ専ボーイになった。出勤日にはコンスタントに3、4人の予約は入る。指名する男性客は、裕也さんに好意がある。みんな優しい。風俗嬢がよく被害に遭うような横柄で横暴な男性客は、ゲイの世界にはまったくいなかった。

「僕は挿れる側。挿入されるのだけは、しんどいのでNGにしています。時間による出来高制なので、挿入されたからって報酬が上がるわけじゃない。仕事なので勃起させなきゃならないけど、それは無心でやってます。無理だなってときだけ勃起薬を飲みます。ジェネリックのバイアグラですね。セックスは女性相手と同じ、男性も喘《あえ》ぎます。喘いでいる男性を視界に入れたら萎《な》えるので、腰を振りながら感じてる演技をしつつ、目を瞑《つむ》って頭の中で自分の普通のプライベートのあれそれを思い返したり。でも、基本は無心。何も思いません」

だいたいの男性客は、挿入して腰を振ると女性のような性反応となる。客の肛門にペニスを挿入しながら腰を振り、同時に手コキをする。客が発射すればサービス終了となる。精液を拭いてシャワーで洗い流し、洋服を着て送り出す。

「コロナでお客さんは減っているけど、それでも一日4、5人とかの日もある。全部が全部、挿入があるわけじゃなくて、手コキで抜くだけというパターンも。なので、そこまで大変じゃない。収入は波があって、月10万円の月もあれば、30万円のときも。昼のアルバイトも続けているので、それだけ稼げれば好きなものを食べれて、教科書も服も買えます。ウリ専ボーイになってからは、大学の授業以外はほぼずっと働いていますね」

女性との恋愛が面倒になった

大学1年のときから、付き合っていた恋人がいた。他大学の女子大生である。付き合っている時、地震が起こって親の経済状況がおかしくなった。まったくお金を使えなくなった。恋人に秘密でホストを始めたが、なかなかうまくいかない。ずっと貧しい状態が続いていた。恋人に食事を奢ってもらうことも頻繁だった。ウリ専を始めて、しばらくしてから彼女とは別れている。裕也さんから別れを切り出した。

「カラダ売る以外にも、お客さんからの要望でデートとかもある。自分に時間あたりの価値が明確に付いた。彼女と付き合っているとき、彼女に対する不満があったりすると、なんでこの人、無料で自分に会っていて、かつこんな扱いなんだろうって。そんな不満が出てくる。彼女が文句を言ったり、不満に思うのは、たぶん自分が悪い。けど、うまくバランスとれなかった。時間もないので別れました」

お金を払って裕也さんを買う男性は優しい。ゲイの世界は平和で、肉体関係に至るまでのハードルは低く、男女間のような諍《いさか》いやトラブル、駆け引きみたいなことは少ないという。ウリ専を始めてから異性の同じ年齢の恋人と、うまく付き合えなくなった。

「彼女とは小さなことで喧嘩したり。でも、お金払って会っているお客さんは、その時間に喧嘩なんて絶対しない。ちやほやされる対象として呼ばれてるから、そもそも嫌なことはされない。さらに、お金ももらえるみたいな環境に慣れすぎると、たぶん普通の恋愛はできなくなります。ずっとかわいいね、かっこいいねって言われ続けるので。食事に連れてってもらったり、プレゼントもらったり、チップもらったり。簡潔に言うと、女性との恋愛が面倒くさくなりました」

大学、昼間のバイト、ウリ専で多忙のなか、就職活動をしている。第二種奨学金を満額借りているので、600万円の借金を抱えて社会人になる。大きく稼げそうなコンサルティング会社、もしくは大手金融機関への就職を考えている。

「結婚も子どもも、あまりどうこうしたいと思わない。今はすごく忙しいので、給料のいい会社に就職して少し楽になりたいです。望んでいるのは、それだけです」

この取材が終わったら、川崎に出勤する美咲さんと合流し、闇営業する居酒屋に飲みに行くらしい。大学の仲間とお互い愚痴や悩みを語って、励まし合って、また明日もカラダを売る。そんな青春を送っている。

歌舞伎町は女性のお金でまわっている

たまたま、慶應義塾大学の苦学塾生グループにアプローチしたが、現役大学生が性を売る現象はどこの大学でも起こっていることである。立教大学の男子学生から「取材を受けます」という連絡があり、歌舞伎町の喫茶店に向かった。

2021年2月11日。立教大学4年生の大橋巧さん（仮名／22歳）は待ち合わせの喫茶店にやってきた。巧さんは歌舞伎町のホストで、「出勤前ならば時間があります」と取材を快諾してくれた。

「今、立教大学の4年生です。ストレートで4年です。本当は来月卒業ですけど、諸々理由があって留年することになって、来年も大学生やります。留年することになったのは、ホストになってしまったから。ホストになったのは、ずっと大学院に進学したくてお金がなかったからです」

歌舞伎町を歩くとわかるが、華やかな女性よりもイケメンホストが写っている看板のほうが圧倒的に多い。今、歌舞伎町はかつてのように男性ではなく、女性のお金でまわっているということだ。ホストの需要は大きく、当然の流れとして困窮する男子大学生たちが就いている。

歌舞伎町のホストクラブの営業時間は20時から1時。店によっては、朝方から正午まで第二部営業をする。朝方から誰が来るのかと思うが、歌舞伎町にお金を落としてくれる水商売女性のコアタイムである。コロナ以降の営業時間は店によってまちまちで、通常どおりの営業時間の店もあれば、東京都の要請に従って16時〜20時と時短営業する店もあった。ホストクラブの営業時間帯が複雑なのは、風営法によって24時〜5時の営業が禁止されていることが理由だ。

20年6月、歌舞伎町ホストクラブの複数の店舗で新型コロナウイルス感染症のクラスターが発生した。マスコミに執拗に報道され、三密の温床として批判された。しかし、どれだけ批判されても歌舞伎町のホストクラブでは休業の足並みは揃わなかった。それは水商売の経営者が集まる組合の力が弱いことと、ホストクラブがフランチャイズ的に拡大しているので、複数の経営者がいることが理由だといわれる。結果として、世間に無法な産業、非常識な地域と認識されることになった。

巧さんはHey! Say! JUMPの山田涼介をさらに知的にしたような印象だ。服はGUのカジュアルだろうか。服装や持ち物にはまったくお金がかかっていない。ホストから想像される華やかさや、自信みたいなものはまったくなく、ごくごくマジメそうな普通の大学生だった。

父親のリストラとコロナショック

高校3年のとき、大学受験の直前に父親が大企業をリストラされた。そこから家庭の状況が変わったという。

「一人息子だったので、親は貯金を切り崩して学費を払ってくれていました。でも、コロナになって大学の学費はとても捻出できない、もう不可能だってことになった。ましてや、大学院進学なんてとんでもないって。じゃあ、僕が働くってなってホストになったんです。いざホストをやったら、院試の勉強が追いつかなくて、勉強まで手がまわらなくて、どうするの？　っていうのが今です。親には就職するにしろ、進学するにしろ、希望留年しろって言われました。宙ぶらりんです。来年、進学は諦めて就活する感じになるのかな」

東北出身、県立の超進学高校を卒業。子どもの頃から勉強好きで、大学進学後もホストになるまでずっと勉強ばかりしていた。

「もともと僕は一橋大学、できれば東大を目指していました。合格確率は五分五分でした。ダメだったら浪人するつもりだったけど、受験直前に父親のリストラが決まって、とにかくどこでもいいから現役で入学してくれってなった。結局、立教と横浜国立大に合格して、やりたい学部だった立教を選びました。学費は親に払ってもらって。3年までは日本学生支援機構の第一種奨学金と、塾講師のバイトで7万円くらい稼いで、なんとかなっていました。家賃は西武線沿線の外れで月4万9000円、多少の仕送りもあってほとんどお金も使わなかったし、貧乏ながらも普通に暮らせていました」

大学3年の年末、いつものように帰省した。久しぶりに帰った実家は、高校の頃とはまったく違う風景だった。父親の再就職はなく、高速道路の料金所の仕事をしていた。ずっと専業主婦だった母親は、宅急便の配達の仕事を始めていた。苦渋の選択で低賃金労働する両親の姿を眺めて、実家の厳しい現実に気づいた。

「就職するつもりはなかった。ずっと大学院に行こうと思っていました。けど、もう進学なんて言ってられないなって。進学どころか、学部の学費を払うのも厳しい状態。僕には、高校までのそれなりに裕福だった実家の記憶しかなくて、カツカツな親を見たことなかった。とんでもないことになっている現実に気づいたんです。

新聞をとらなくなっていたし、家を担保に出して融資とか。両親は青い顔してずっとお金の話をして、この家も売るかもしれないみたいな。両親は、僕の東京の大学生活のために生きている、本当に申し訳ないと思いました」

親の経済的負担をなくしたい

申し訳なくて、両親には頼れない。進学を諦めて就職活動をした。何をしたいか考えて、悩み、調べた。何もしたいことが浮かばない。苦し紛れにエントリーシートを送っても、書類すら通らない。何も進展しなかった。

「いざやってみたけど、就活したくなさすぎて、やっぱり大学院に行こうと思ったんです。お金をどうしようって考えているとき、ホストにスカウトされました。親は進学を許してくれるかもしれないけど、親に頼ったら、この厳しい状況が続いちゃう。そんな姿は見たくないので、ホストをやってみようかなって。まったく売れなくても、日給だけで月20万円くらいはもらえる。親の負担をなくしたかったことがキッカケです」

根っから真面目な青年だった。どこから眺めても、ホストをやるようなタイプではなかった。スカウトされたのは、池袋のジュンク堂書店前。池袋のジュンク堂書店は立教大学の近辺にあり、店内には椅子が整備されて立ち読みを歓迎している。巧さんは社会科学系の学術書の立ち読みの常連だった。

書店から出たところでスーツ姿のホストに声をかけられた。ジュンク堂書店の隣にスタバがある。ホストとスタバに行って話を聞いた。ホストと言われても、とても自分に務まるとは思わなかった。巧さんは実際、その日まで恋愛をしたことはなく、女性経験のない童貞だった。

喫茶店に来てから30分くらい経ったか。彼はよくしゃべる。普段はホストとして自分でない自分を演じ、何か溜まっているように見えた。男子学生、女子学生と関係なく、もっと勉強したい真面目な学生が、夜の世界に流れる現象が起こっている。

「恋人みたいな存在がいると、たぶん、自分を犠牲にしがち。彼女に時間を割いていられないというか。大学、高校のときは単純に勉強と部活が忙しくて、女の子とかに割いてる時間がもったいないって思ってました。大学に入ってからは、そもそも生活を切り詰めてたし、あんまり彼女とか考える余裕がなかった。大学で言われてたのが、勉強とサークルとバイトと恋愛のうち、2つは取れるって。4つから2つを選べって。そのなかですぐに捨てられるのは恋愛だなって。だから、捨てました。大学生になってホストになるまでの3年間は、勉強とバイトって感じでやっていました」

童貞が歌舞伎町のホストに

ホストになる前は、大学でみっちり勉強して帰りに塾講師のバイトに行く。移動時間を無駄にしたくなかったので、立教大学と好きなジュンク堂書店のある池袋にある塾を選んだ。無駄なお金を使うと、もっとバイトをしなければならなくなる。生活は限界まで切り詰めて、大学の学食にも行ったことがない。恋人がいた経験はないので、大学とバイト先の塾と自宅アパートを往復するだけの生活だった。

「塾講師は時短で稼げると思ったけど、そうでもなかった。授業は120分とか90分だから、そもそも稼げない。塾講師で大学院の学費を稼ぐのは不可能なので、ホストやるしかないかってなりました。ただ、歌舞伎町は一度も行ったことがなかったし、童貞だし、どうしようって」

ホストのスカウトに童貞であることを言うと、笑っていた。マッチングアプリを教えてもらって、女の子とうまく会話してデートして童貞を捨てるように言われた。その日のうちにアプリを登録し、マッチングした同じ年齢の女の子を自宅に呼んだ。2日後、女の子は本当にやってきて童貞を捨てた。女の子は大学生だった。

「スタバでホストになるって決めました。スカウトの方に言われたままアプリを登録して童貞は捨てました。歌舞伎町は本当に一度も行ったことなくて、慣れない世界すぎた。でも、入店するとホストの先輩の方々が優しくて、僕でも働けるような店だったからギリギリ働けてるって感じです。もう1年間近くやっているので馴染《なじ》めてはいるけど、根の真面目さというか、しっかり挨拶ができるから、一応先輩から好かれてはいます」

先日まで童貞だった巧さんは、歌舞伎町のホストになってしまった。

中年男性「貧困化」の影響

日本が貧困化することになった大きな原因のひとつが1999年、2004年に行われた労働者派遣法改正だった。男性正社員の雇用を守り、女性の雇用から非正規に置き換えたことで、女性の貧困が本格化した。女性の非正規雇用率は55・5パーセント（内閣府調べ）まで上昇し、女性は働きたくても低賃金の雇用しかなくなった。

コロナ以前の段階で単身女性の3人に1人、シングルマザーの50・8パーセントが貧困という社会となり、多くの貧困女性たちが性風俗に流れている。そんなボロボロの状態のとき、新型コロナウイルスに襲われている。説明したとおり、「非正規雇用の拡大＝女性の貧困の拡大＝性風俗、売春の志願者増」という図式となる。

そして、女性の貧困が行くところまでいったところで、新たに始まったのがリストラによる中年男性の貧困だ。

18年あたりから終身雇用という日本型雇用の崩壊が始まり、多くの企業は、黒字であっても45歳以上の正社員の早期退職者を募っている。ちょうど大学生たちの親世代であり、親世代の雇用を奪われたことが原因で大学生の貧困が蔓延している。

巧さんは親がリストラされたところで、東京の大学に進学した。退職金や貯蓄を教育費に充てたのだろうが、リストラ後は低賃金労働しか働く道はなく、その給付を4年間続けることができなかった。その現実を突きつけられて、巧さんはホストになっている。

所属するホストクラブは歌舞伎町の店である。歌舞伎町はホストクラブの総本山であり、最も華やかで最も厳しい最先端だ。昨日まで童貞だった、根っから真面目な大学生の青年に、歌舞伎町のホストが務まるのだろうか。

ホストクラブはホモソーシャルな世界

「接客業じゃないですか。まず女の子と接して話さなきゃいけない。会話の技術が必要でした。僕は女の子と話す技術はなかったので、ひたすら毎日ヘルプについて、練習……練習というか、その場で会話ができるように努力しました。やっているうちに、なんとか女の子と話せるようになった。でも大事なのは、自分でお客さんを呼ぶこと。色恋営業というか、相手に自分のことを好きになってもらう。あと、必要に応じてその女性とセックスすること。お酒の場なんでコールとか、アッパーなことをグイグイやるんですけど、全部見よう見まねでやって、今はなんとなくギリできています」

ホストをやるという覚悟をもって、内向的な本来の自分を封印した。努力してなんとかホストとして生きていけるようになった。

「人生でこういう時期があってもいいかな、くらいの気持ちでやっていました。ホストの世界は本来の自分とはまったく違うので、割り切ってやっています。ホストの世界は、やっぱり男尊女卑だし男社会。僕はジェンダーを学んでいるので、おかしい世界だなって客観的に見ている自分もいます」

ホストクラブの従業員は、基本的に全員男である。ホストだけでなく、経営者も裏方の内勤も男で占められている。

「大前提として男に認められることが重要なんです。男が楽しい空間をつくって、女の子たちが混ざりたいって気持ちにさせる。気分を盛り上げて、高額なシャンパンを入れたい気持ちにさせる。本当に完全にホモソーシャルな世界です。お店の方はたぶんホモソーシャルの概念は知らないけど、感覚的に理解して利用してる。全員がそれを正しいと思って生きています」

ホモソーシャルは同性間の結びつきや関係性を表す言葉だ。ホストクラブはホモソーシャルな空間に、外部にいる女性を巻き込んでいく、という考え方のようだ。確かに、ホストのアッパーなコールには、男同士の一丸性や一体感を感じる。

マッチングアプリで客探し

女性客を楽しませるための接客も重要だが、最も重要視されるのは「自分の客」をつくることだった。時給で働く巧さんは、先輩やほかのホストの女性客を楽しませるヘルプが主な業務になる。しかし、ホストクラブは〝男に認められることが大切〟なホモソーシャルな世界なので、勤務時間外の時間を使って自分の客を見つける努力をしなければならない。ホストの世界では、努力をしない人間は誰も認めてくれない。根が真面目な巧さんは、勤務時間外も努力をすることになった。

自分の客の売上げは時給ではなく、出来高制となる。売上げは店と折半というシステムになる。客が１００万円を使ったら50万円がバックされる。

「うちのお店はマッチングアプリで女の子と出会って、お店に連れてくるってやり方です。外で探さなきゃならない。とにかく一度店に来てもらって、ハマってもらうことを目指します。マッチングアプリって自分の空いてる時間に無限にできちゃう。努力し放題なんです。ホストはいかに自分の時間を投資できるかという勝負で、時間を使うのは基本として、自分で稼いだお金で身なりを変えたり、美容に気を使ったり。めちゃくちゃ資本主義というか、ネオリベ的というか。本来の僕だったら絶対にやらないことばかりだけど、でも、自分と切り離してやっている。だから、この1年間はホスト漬けです」

カバンの中からiPhoneを出して画面を見せてくる。有名なマッチングアプリだった。メッセージに移動すると、20人以上の女性たちとやりとりをしている。さらにLINEをタップしてトークを見ると、30人以上の女性と会話していた。

「真面目な努力家」の本領発揮

「本当に根が真面目。今までどんな部活もやめたことがなくて、最後までちゃんとやる。ホストになってからは常時数十人の女性とやりとりして、勤務以外の自分の時間をホストに投資しちゃっています。ずっと女性と話しているから、全然勉強が追いつかなくて本末転倒なことになっているのが今です」

ひたすらマッチングアプリをして、たまに結果を出す。数十人の女性たちと常にやりとりしているので、自分の時間はまったくなくなった。勉強する時間はなくなり、ジュンク堂書店にも行かなくなった。勉強どころか、これまで覚えたことも忘れてしまっている。

ホストになってから接客にヘルプ、マッチングアプリ、デートにアフターと、常に女性が近くにいる。勉強はできなくなったがホストとしては成長してしまった。真面目な努力家ということで、ホストたちには認められている。

「マッチングアプリをどれだけ頑張っても、可能性があるだけ。確実ではない。ただ、どんなに苦手でも、結果を出している人と、同じやり方、同じ量をやれば、ある程度は結果につながる。マッチングアプリは頑張り続けないと途切れちゃう。LINEも毎日大量にやっていて、5分くらいの間にメチャメチャメッセージが来る。ピン留めしたり、工夫しながら自分で理解できるようにしているけど、正直、誰と話しているのかわからなくて混乱します。今も現在進行形で50人くらいとやりとりして、一日でも途切れると女の子の反応が鈍くなっちゃう」

マッチングアプリは男女が写真付きのプロフィールを登録し、気になる異性に「いいね」を送る。相手も「いいね」と返してくればマッチングとなる。マッチングするとメッセージの交換ができ、そこでコミュニケーションして恋愛に発展することもあれば、挨拶だけで終わってしまうこともある。

マッチングアプリは、これまでの出会い系サイトとは異なる。若者を中心に一般の男女に浸透して、学生や会社員にとって一番の出会いのツールとなっている。巧さんがメインで使うアプリは、最も利用者が集まる最大手のもの。真剣に恋活や婚活している人々のなかに、ホストが混じっていることになる。

「一日でも休んで途切れると、女の子の反応は鈍くなる。まだお店にも来てない知らない女の子とやり取りするんですけど、その子たちとの関係性はやっぱり弱い。知らない女の子とコミュニケーションを続けるのは本当にキツイし、大変な作業。けど、疲れてやめちゃうと、今までの苦労が全部無駄になっちゃう。やめられないし、休めないし、やり続けなきゃいけない。だから、ホストになってからアプリ漬け。僕が就職したくない理由のひとつが、その仕事に就いたら、たぶん務め上げてしまうから。ちゃんとやってしまう。だから会社に入りたくないってのがあって、ホストを真面目にやっている自分を客観的に眺めて、改めてそう思いました」

女性とセックスするのが……ツラい

マッチングアプリはお互いの理想が高く、なかなかすんなりとは進まない。女性客を探している巧さんは、外見や性格に関係なく「いいね」を押しているので、やりとりする女性は膨大な人数になっている。もちろん、女性は恋愛するつもりで巧さんとコミュニケーションをしている。

「キツイし、ツラいです。とくに、女性とセックスするのが……ツラい。あ、いや、本当にキツイんです。でも、やるしかないのでやっています」

そんなことを言い出し、しゃべりながら涙目になってしまった。

ホストは接客するだけでなく、女性客と疑似恋愛をする。女性客は相手のホストに恋愛感情があるケースが一般的で、肉体関係に発展することも日常的に起こる。水商売で客と肉体関係になることは「枕営業」と呼ばれる。

「絶対にしなきゃならないわけじゃないけど、相手が期待している場合がある。1回しちゃったらもう店に来なくなるパターンもあるけど、うちの店は、ここで（セックス）したら、より熱くなるっていう場面を先輩が見極める。だから、今日は行ったほうがいいとか。セックスをしなきゃいけない場合がある。それが、まあ、キツイです」

手当たり次第にマッチングしているので、相手の外見や体型は問うていない。女性客がやってきてラストまで残り、先輩からゴーサインが出れば行かざるを得ない。

「言い方が悪いですけど、ブスとかデブとか。相手に好かれていて、好かれているから来てくれる。だから、普通に期待される。我慢してやります。店では普通の話をしてて、女の子にもよるけど、漫画とか音楽とかアイドルの話とか。多少、その子のことをチヤホヤしてあげて。かわいいね、とかいう話もしつつ、テーブルの下とかで手を触ったり、足を触ったり。そうするだけで女の子はドキドキするみたい。それで期待させちゃうんです」

閉店が近いホストクラブ。女の子は帰りたくない感を出している。巧さんは店が終わったらデートをしようと誘う。女の子は頷く。そして、ラブホテルに行く。

「パッて帰る感じじゃないなと思ったら、もうちょっとゆっくりしようってホテルに行きます。ホテル代は僕が出します。時短営業する前はホテルに行くと、始発帰り。時間的にも本当にキツかった。大学の授業があるからって適当なことを言って始発に間に合うようにホテルを出るんです。今は閉店が20時なので、ホテルに行っても終電で帰れるから、すごく楽です」

ホスト漬けの1年で得たのは100万円の貯金

女性客とのセックスの話になってから、ずっと涙目になっている。女性とのセックスが泣いてしまうほど嫌ということなのか。

「もともと性欲が強くないので、好きでもない女の子とセックスするのは本当にキツくて、とにかく虚しい。虚しいというか、相手は僕のこと好きなのは確か。でも僕はまったく好きじゃない。けど、好きだと思い込んでいる。セックスの最中に、どうしてこんなことを、なんでしてるんだろうって。好きだと思い込まないとセックスは成立しない。だから、まったく好きじゃないけど、好きだと思い込む。何か自覚しないところで、大きなストレスになっているのかもしれません」

ホストを頑張ったことで100万円くらいの貯金はできた。就活か進学か、まだ決めかねている。ホストを真面目にやったことで、勉強は大幅に遅れた。どちらにしろ、ホストばかりやっているわけにはいかない、とは思っている。

「父親がリストラされたことがキッカケで、ホストになって、今まで考えられないことばかりが起こった。人のせいにするわけじゃないけど、ホストをやると基本的に低俗な話しかしないので、脳みそは使わない。女の子をどう落とすか、そればかり。さすがにその環境は卒業しないと、って思っています」

話は終わった。2時間近く、しゃべりっぱなしだった。

お礼を言うと、慌ててiPhoneを取り出し、女性にメッセージを返している。軽快に文字入力し、コピペを駆使して凄まじい勢いで返信している。ホストから卒業すると言うが、どうなるのかは微妙だと思った。

「高級ソープで働いています。総額9万円のお店です」

もう一人、立教大学の学生から連絡があった。平野麻衣さん(仮名/19歳)は「コロナは気にしていないし、取材場所はどこでもいいです」と言う。一人暮らしをする自宅は大学に通いやすい東武東上線沿線のようで、大学のある池袋西口まで行くことにした。

「今は高級ソープで働いています。総額9万円のお店です」

緊急事態宣言中、池袋西口の喫茶店はほぼずっと満席状態が続いていた。やってきた麻衣さんは、スラリと背が高く、清潔感のある美人だった。知性と気品があり、女優の小雪似だ。チェーンが華やかなシャネルのバッグを片手に、プレゼント用の

GODIVAのチョコレートを抱えていた。ソープランドのお客さんにバレンタインチョコを渡すらしく、先ほど東武百貨店で購入したようだ。チョコレートは人によって種類を変えていた。

「出身は北海道で一人暮らしです。風俗嬢を始めたのは、大学に入って半年くらい経ってから」

19歳とは思えない品のある雰囲気で、物腰は柔らかだ。我々が何を聞きたいのか、一言二言の挨拶ですぐ察したようで話が始まった。

「家が裕福ではなくて、大学は地元か東京かで迷いました。長期的に考えると就職は東京でしたほうがいいし、折り合いの悪い父親とも離れたくて東京の大学を選びました。高校2年のときに両親は離婚して、勝手に父方につけられた。大学生になったはいいけど、父親からの仕送りはないし、学費も払ってくれる予定が全部パーになった。奨学金だけしかない、みたいな状態になりました。はい、だからです」

麻衣さんの経済的苦境も「父親のリストラ」から始まっていた。世帯主の雇用が奪われると、家族全員に影響を及ぼしてネガティブが連鎖していく。父親は46歳。

44歳のときにリストラされたことがキッカケで母親に暴力をふるうようになった。暴力の的になった母親は精神疾患を患った。母親は仕事を休職し実家に戻った。祖母が引き取る形で、両親は離婚となった。

学資保険の200万円は父親の借金返済に

「高校時代に両親の様子を見ていて、大学費用を払ってくれるか微妙だと思ってました。だから、大学入試と入学のお金の一部はバイトして貯めました。あらかじめ準備したんです。合格してから母方のおばあちゃんが、内緒だよ、お父さんには内緒だよって、黙って渡してくれたお金をそのまま入学費用に使いました。家が貧しいから国立を考えていたけど、私がやりたいことが私学にしかなくて、立教に入りました」

私立大学への進学は経済的に心配だったが、なんとかなるだろうと思った。

「あとから知ったんですけど、母親は私に学資保険を積み立ててくれていた。そのお金は父親に盗られてしまって全部パーになりました。そのことを母親からの手紙で知って、え？　って。よくよく話を聞いたら、離婚してから私の親権は父親になって、そのお金を使い込んだらしい」

大学進学時に200万円のお祝い金が下りる学資保険だった。父親はそのお金を使ってしまった。保険会社から麻衣さん名義のお祝い金200万円は下りたが、お金は進学費用に使われることはなかった。

「いつの間にかお金は消えているし、父に借金があったっていうのが大学に入って半年くらいで判明した。大学から学費未納の連絡があって初めて気づいたんです。たぶん、父親が親権を欲しがったのはその200万円のため。最初に感じたのは、悲しいなーって。それまで自分が貧困みたいな状況になるとは思ってなくて、だから、風俗とか水商売にはすごく偏見があった。汚い人たち、くらいに思ってました。でも、お金で躓《つまず》いて、初めて自分の身に置き換えて、悲しんでいる場合ではないと。どうしようって考えました」

父親には何を言っても無駄だと思った。200万円のことを問い詰めても、おそらく手元にはない。ないものを返せと言っても心労が増えるだけ。だから、何も言わなかった。

父親は中小企業のサラリーマンだった。44歳でリストラに遭った。再就職は決まらず家にいるようになり、ずっとお酒を飲んでいた。大学入学のときには働いてなかったので、お金があるはずはない。200万円はお酒に消えたのだろう、と思った。

風俗の存在さえ知らなかった

「お酒を飲んで暴れるみたいなのは昔からで、リストラされてからひどくなった。リストラの前は酔って暴言を吐くことはあっても人は殴らないし、まだマトモでした。働かなくなってからは暴れるわ、物は投げるわ、母親に暴力をふるうわ、メチャクチャに。母も病んでしまって家事をあんまりしなくなって。私が家事をやったんだけど、そうしたら母親の仕事だろって暴れる。高校のときは自由な時間がない、家に居場所がない、だから学校で勉強している、みたいな感じでした」

家がおかしくなって、学校で勉強するようになって成績は上がった。地元の国立大学、早慶を含めた東京六大学は合格圏内だった。

「ひとりっ子なので父親は唯一の家族だし、嫌いにはならない。けど、あきれます。ああいう大人になりたくない。血は継いでるけど、ああはなりたくないって。私もイラッとしたら、キレやすいっちゃキレやすい。父親を思い出して、あまり怒らないようにするとか。アイツにならんとこ、みたいな感じです」

とにかくお金がない。そのまま学費を払わなければ、除籍になってしまう。延納を大学に相談し、現状で受けられる可能性がある給付型奨学金を調べた。

「本当にちょっとだけど、生活の足しになる奨学金があったり。医療費を大学が持ってくれる制度があったり。できることを片っ端から調べました。塾講師のアルバイトはしていたけど、そんな金額では無理なので夜の仕事、ホステスとかキャバクラとかの求人を見ました。本当に何も知らなくて夜のお仕事＝キャバ嬢と思ってました。父は酒乱だけど、私はそんなにお酒が強くない。無理って。はじめて風俗ってあるのを知って、どんな感じかとか、稼ぎとかも知らなかった。それで調べてなるほどなるほど、みたいな」

1年後期の授業料約55万円は半年間待ってもらえた。半年後に延納する55万円と、2年前期の授業料55万円、合わせて110万円をつくらなければならない。日本学生支援機構の第一種、第二種奨学金はすでに借りていて、増額しても足りない。早急にお金をつくらなければならなくなった。

“本強”地獄だった錦糸町のデリヘル

池袋を歩いているとき、スカウトマンに声をかけられた。風俗と水商売のスカウトというので立ち止まって、話を聞くことにした。スカウトマンは麻衣さんの事情を聞きながら、風俗の仕事の説明をしてくれた。デリヘル、店舗型ヘルス、ソープランドがあることを聞いて、それぞれ何をするのか教えてくれた。

「2時間くらいルノアールで話を聞いて、やるしかないって思いました。エッチなことは抵抗あるといえばあるけど、そんなことを言ってられる状況じゃなかった。それしか手段がないし、大学は絶対に卒業したいのでやろうと」

スカウトマンはその場でデリヘルに電話して、外見と年齢は間違いないと口頭で店舗に伝えていた。スカウトマンが麻衣さんの写メを撮って店に送ると、速攻で採用が決まった。錦糸町にある大衆デリヘルだった。

「最初は大衆店でした。講習はなくて、口頭で本番はしない性行為を説明されただけ。不安だったけど、覚悟してやるしかなくて、なんとかなりました。バックは60分1万円か9000円で、プラス送迎費で2000円取られたり、みたいな感じ。安かったです。プラスアルファで本番やってもいいよ、って裏引きが当たり前の店で、私はそんな知識はないから普通にやってるみたいな。新人で業界未経験、しかも未成年だったから〝本強〟がすごくて、最初はそれに苦しみました」

これまで何度も出てきている〝本強〟とは、本番強要のこと。警察に届けを出して営業するデリヘル(無店舗型ヘルス)は、違法である本番サービスはしない。そこで、男性客は女の子たちに直接、本番サービスを求める。女の子たちはルール違反と断るか、プラスアルファでお金をもらうか、言われたまま本番をするかの選択になる。

デリヘルはラブホテルで男性客と2人きりとなる。店員が近くにいる店舗型と違い、ストッパーになる存在がない。女性や子どもに強く出る性格の男性客は多く、本強はおそらくすべてのデリヘル嬢が経験している。

「やってもいいと思ってる人がたくさん。挿入してもいいって。無理やり押し倒されることも頻繁で、男の人の力に抵抗できない。何度も無理矢理やられそうになって。泣いたこともあったけど、お仕事だからと思って。最初の頃は言葉でうまくかわすことができなかった。やってくるのは、だいたい中年男性です。未経験だから何やってもいいと思ってる人がけっこういて、押さえつけられて、お前に拒否権ねーからって。精神的に疲れてしまって、一度休んでいるんです」

会員制交際クラブで「強姦」被害

本番強要をしたり、暴言を吐くのは40代後半以降の中年男性のようだ。2021年3月、世界経済フォーラムは日本のジェンダーギャップ指数が156カ国中120位、主要7カ国中では昨年に引き続き最下位であることを発表した。40代後半以上の男性はずっと続く男尊女卑を受け継ぐ世代であり、風俗嬢に対して横暴だったりする。

「錦糸町の店は本当にキツくて、もうダメだと思いました。それでスカウトを変えた。会員制の交際クラブを紹介されました。その仕事はめちゃ楽しくて楽だった。エッチしなくていいし、ご飯食べればよかった。ただ交際クラブでも50代の人に眠剤もられて、目が覚めたら全裸で朝だったことがあった。強姦《ごうかん》されたんです」

警察に訴えたら親や大学に連絡が行ってしまう。証拠もない。泣き寝入りした。

「踏んだり蹴ったりですけど、学費のことがあるので、そういう仕事を辞めるっていう選択肢はありませんでした。大学1年の後半はいろいろひどい経験したけど、目が血走ってお金を稼がなきゃって状況でした。本強とか強姦とか経験して、本当にどうしたらいいのかわからなくて、頭が狂っていました。もうヤバイ、ヤバイしか頭にないし、勉強で疲れているけど働かなきゃって強迫観念もあって。当時のことを友達に聞いたら、すごい目つきが怖かったって」

大学2年になるまでに、最低110万円が必要だ。家賃と生活費を除いて月20万円の貯金ができないと達成しない。デリヘルで一日に稼げたのは2万~3万円くらい。期日までにその金額を貯められるか微妙だった。追いつめられた。

「中年男性とエッチするなんて、それは嫌です。でも、お金のためだから、お金のためだから、みたいな。全部、金、金、金、金みたいな感じ。お客さんは写真がネットとかで載るから付くけど、本指名で帰ってくる人は、だいたい羽交い締めにされても黙って言うことを聞いた人みたいな。いい人は戻ってこなかった。本当に怖いし、疲れるし、しんどい。風俗があまりにしんどくて、大学の成績も下がりました。このままではダメだと思いました。最終的に思ったのは、はじめから割り切れるところに行ったほうがいいってこと。ソープランドで働こうって思いました」

新型コロナで大衆ソープは壊滅

2020年の冬休み、川崎・堀之内でソープランド嬢になった。若い女の子が多い大衆店に入った。同じような境遇の女子大生が大勢在籍していた。

「超有名大衆ソープでした。制服着て、ニコニコして、みんな割り切ってるからやりやすかった。場所がちょっと遠かったけど、よかった。ただ閑散期って呼ばれる日が来たりとか、2月からコロナが流行り出して、どんどんどんどん客足が遠のいた。それで緊急事態宣言になって、もう無理です、どうしましょうってなった。2月の段階ではまだ110万円は貯まってなかったので、コロナとか緊急事態宣言だからって休むわけにはいかなかった」

日本人女性は、中国人男性に絶大な人気がある。ソープランドは中国のインバウンド客が多く、いつもとは違う異変を感じたのは1月下旬だった。

新型コロナウイルスは、まだ報道されていなかった。ソープランドにお客が来ない。通常の閑散期より時期が早く、街全体で「少し状況がおかしい」という話がしきりにされていた。2月中旬、阿鼻叫喚《あびきょうかん》のパニックに陥る中国武漢の様子が報道された。そして、まったくお客は来なくなった。

「お客さんが来ないなら、お客さんがいる店に移ろうって思いました。もしくは、単価を高く売ろうって」

完全出来高制の日当で働く風俗嬢は、新型コロナウイルスの影響を最も早く受けた職業だ。インバウンド客が来なくなったことで、その日から収入は激減、もしくは営業自粛によって仕事を失っている。3月下旬に小中学校が休校となって、4月に緊急事態宣言が発令。収入や仕事を失った風俗嬢たちはパニックに陥り、昼の仕事をする、実家に帰る、男を頼る、福祉を頼るなど、対応策はそれぞれだった。そんななかで、麻衣さんは高級店に移るという選択をした。

120分で3万5000円の報酬

120分総額6万円以上を男性客が支払う高級ソープランドのハードルは高い。誰でもできるわけでなく、選ばれた女性しか働けない。麻衣さんはスカウトマンに相談して「高級店で働きたい」という意志を伝えた。スカウトマンは「客の頭の上から足先まで舐め尽くすくらいの覚悟がないとできないよ」と言う。「それでも、やってみたい」と頷いた。

「面接とか講習とか、実際の接客も、できるようになるまでめっちゃ大変でした。講習はベテランソープ嬢の人にお金を払って6時間受けて、動画も見て、みっちりやりました。お客さんにはどんな厳しいことを言われても、何をされても、丁寧に下手に出る。大衆ソープだとぶっちゃけた話、やればいいと思ってるおっさんが相手。高級店でもゴムつけないでいいよね、みたいな人もいて。大衆店だったらソープ嬢が『は?』って言っても大丈夫なんですよ。でも高級店になると、その態度は許されない。丁寧に、でも、そうじゃなくても気持ちよくできますよ、ということを上手に伝えて、言葉遣いも気をつけなきゃいけない。だから、ほとんどの人は大衆店からスタートするんです」

日本中が混乱していた2020年3月中旬、麻衣さんは19歳になった。誕生日が過ぎてすぐに、総額6万円の店に採用された。120分サービスをしてソープ嬢に3万5000円がバックされる。一日出勤して3人接客すれば、日当は10万5000円。この金額は風俗嬢として最高峰の領域だ。

「その講習ではマットと接客を中心に教えてもらって。メモをとるので、めっちゃ書き込んでいたらすごくやる気があると思われました。講習の先生は、高級店は競争が厳しいので、みんなと違うことをやりなさい、って。生々しい話すると、高級店は基本即即。お客様がお風呂に入っているという仮定がある。即即をちゃんとやらない子が多いので、私は最初からがっついてフェラしたりとか。会った瞬間にチューしたりとか、迎えに行った時点でチューしたりとか。みんなと違うことやりなさい、みんなが嫌がってやりたくないことをやりなさい、そこまで腹を括れるんだったら絶対大丈夫、って言ってもらえた」

即即とは即尺（口淫）、即本番（挿入）という意味で、高級ソープランドでは客との挨拶代わりに行われる。

コロナ禍で高級店に移って、技術を必死に覚えて真面目に接客をした。着実にお客は増えた。高級店はデリヘルや大衆店とはまったく客層が違う。相手は大企業の管理職やサラリーマン、経営者、資産家などだ。大衆店では横暴な中年男性に強姦され、暴言を吐かれ、ひどい経験をしたが、上流な男性たちには可愛がられた。

「金、金、金、金って働いてた意識は変わって、お客様に満足して帰ってもらえるようにって働くようになりました。そうじゃないと、稼ぎに返ってこないんじゃないかって。それまで男性はお金にしか見えなかったけど、ちゃんと接客すれば、本指名で帰ってきてくださったりとか。次にお菓子とかご飯とか持ってきてくれるとか。あ、これは顔に出るんだなって気づきました。コロナ禍でもお客さんは来てくれて、5月には一日10万円以上は稼げるようになりました」

風俗ヒエラルキーの頂点を極める

2020年4月、支払いを待ってもらった1年後期授業料、2年前期の授業料を支払った。収入は右肩上がりに伸び、週3日の出勤で月100万円は超えた。貯金はどんどん増えて、2年の夏休みには卒業までの授業料、それに半年の留学費用が貯まった。そして、21年1月からは高級ソープから総額9万円の「超高級ソープ」に移っている。120分6万5000円の報酬になるという。

「2年の夏休みには、大学生活にかかる費用は稼いだので、お金の心配をしなくてよくなった。心に余裕ができたので、将来のことを考えて、ある企業のインターンシップを始めたんです。今は週3日ソープ、週3日インターンシップみたいなスケジュールで動いていて。就職は最難関って呼ばれる会社を狙っています」

現在は、出勤すれば2人もしくは3人のお客さんが付く。日当は13万〜19万50

00円となる。現在のペースで働くと、大学3年が終わる頃には2000万円の貯金ができる。2000万円の貯金がある状態で就職活動をして社会に出る、という。

「就活が始まる4年になったら風俗はキッパリ辞めます。今の段階で借りていた奨学金はすべて払ってしまったし、何も無駄遣いはしていないし、節約した生活だし、家賃も東武沿線の安いアパートのまま。なので、就活の頃には大学の学費を抜いて貯金2000万円にはなると思います」

大学進学で上京し、父親がリストラされたことによって追いつめられた。18歳の肉体は風俗の世界で価値が認められることを知って、それしか手段がないとカラダを売ると決意した。中年男性たちによる本強被害、強姦被害、そして、徹底した男性への性サービスを教えられるなど、様々な厳しいことを乗り越えた。ハングリー精神というのか。2年後、本当に超大手企業への切符と2000万円を持って卒業するだろうと思った。

自分自身を最高値で売れる超高級ソープ嬢になったことで、麻衣さんの問題はすべて解決し、今は未来まで掴《つか》みつつあった。

第五章

パパ活女子たちの生存戦略

「パパ活」とは何か

筆者は2015年10月、大学生の貧困をルポした『女子大生風俗嬢　若者貧困大国・日本のリアル』（朝日新書）を上梓した。ちょうど学生が入れ替わったところで、再び大学生たちを取材した。

学生たちの状況はかなり深刻だった15年度より悪化している印象だが、当時と最も異なるのは〝パパ活〟という言葉が生まれたことだろう。年上男性から金銭を援助してもらう女子学生は昔から存在したが、パパ活という言葉が一般化したことで、学生の参入に拍車がかかることになった。

21年2月24日～26日、インターネットサイトを使いパパ活する現役女子大生に無制限に会うことにした。大手有料パパ活サイトに登録、編集者と手分けして実際にパパ活する女子学生にアプローチし、筆者の名前と書籍の取材であることを伝えたうえで対面取材を申し込む。

パパ活サイトに「職業・学生」、もしくは「職業・大学生」とある女性にランダムに取材依頼のメッセージを送った。利用するパパ活サイトは、男性も女性もサイト登録時に身分証明が必要であり、審査がある。嘘の性別や年齢が掲載される可能性は低いだろう。サイトを見てみると、誰かにバレることを避けるためか、学生を称する女性たちはほぼ全員、文字情報を載せているだけで写真は未掲載だった。返信があった女性に対し、年齢と現在学生であることを改めて確認し、取材場所はこちらから新宿の喫茶店を指定した。

おそらくパパ活する女子大生は、キャンパスのどこにでもいる一般の女子学生である。後ろめたい気持ちでコッソリとパパ活をしているはずで、身バレや危険がともなう取材依頼は警戒される。取材場所に指定した喫茶店は、住所に「歌舞伎町」と入らない、誰でも名前を知るチェーン系の店舗を選んだ。歌舞伎町という地名は、身の危険や裏社会を想像させる。現実にそういう場所である。

パパ活という言葉は17年ごろから急速に広まった。その頃からスポーツ新聞や週刊誌、ニュースサイトなどでも、パパ活という言葉が頻繁に使われるようになった。パパ活を定義すると、「年上男性とデートして、その見返りに金銭的な援助を受ける」ことであり、交際クラブ業者がつくった造語のようだ。交際クラブとは社会的ステータスの高い男性が登録し、クラブがその男性たちに女性を紹介するシステムだ。交際クラブがインターネットに移動したのがパパ活サイトになる。登録時の審査は厳しくはなく、旧来の交際クラブよりも男性も女性も一般化している。

ツールができると、誰でも簡単に、バレないで、一歩を踏み出せる。今、若い女性たちは、ほぼ全員がパパ活という言葉やその存在を知っている。

金銭が介在する男女の出会いや関係性は、言葉が一般化して可視化されると大勢の人々にネガティブに捉えられる。実際に現在、「パパ活＝売春行為」という間違った解釈をする人が膨大にいる。法律に反するいかがわしい行為という誤認識で、その行為は問答無用で全否定される。パパ活は「年上男性とデートして、その見返りに金銭的な援助を受ける」ことであり、少なくとも自由恋愛の範疇《はんちゅう》で売春ではない。その関係性はカップルによって違ってくる。食事だけの関係から売春的な行為、また恋愛関係になるなど、形はそれぞれなのだ。

学費は奨学金、3つのバイトを掛け持ち

はじめまして！　都内の女子大生です！
お話して気が合えばお会いしたいです♡
それ以降は一緒に考えていきたいです☺☺
よろしくお願いします！

自己紹介にそうあった白石葉月さん（仮名／21歳）は、お嬢様系の私立女子大3年生。埼玉県にある実家暮らしで、清潔感のあるかわいらしい女の子だった。書籍の取材ということは伝えてあり、しきりに「私で大丈夫かな」みたいなことを言っている。

「飲食店でアルバイトをしていて、お昼がカフェ、夜がバーという感じの店で、場所がオフィス街でした。最初の緊急事態宣言があって、リモートワークになってしまってお客さんが来なくなりました。2020年10月くらいからシフトは全部カット、コロナで収入がなくなってしまったので、こういうことをしようかなって思い

ました」

時給はカフェタイムが1100円、バータイムは1300円。月8万円平均の収入があった。大学を優先して空いている時間をすべて働いても、月10万円程度が収入の上限だったという。

「学費は奨学金を借りているので、自分で払っている形になります。たぶん500万円くらいの借金になっちゃう。すごく不安で、お金を返すために学生時代にバイトして貯めてと思っているのですが、コロナでそれができなくなっちゃいました。学費は高校までは親が払ってくれましたけど、大学からは自分でって方針。兄も奨学金を借りて進学したので、私も自然とそうなりました」

やはり経済的に協力するのは高校卒業まで、大学からは自立を求める親だった。日本学生支援機構の奨学金制度は、教育の機会均等という理念で運営されている。しかし、現実は教育の機会均等というより、親の教育費負担軽減、もしくは早期自立を求めるキッカケになっている。

「父親は50代後半で建築関係の仕事で具体的に何しているかわからなくて、母は50

代半ばで専業主婦。中学の友達は高校卒業してすぐ働いている子が多かったけど、私は大学行くのが当たり前って高校だったので進学しました。大学生はみんな奨学金を借りているじゃないですか。だから、私もお金を借りて大学行こうかなって感じです」

年間110万円の学費納入は、自分の口座から振り込んでいる。自分で金銭管理をしているので毎月10万円近くの借金をしている自覚はある。就職がどうなるかわからないのに、借金が増え続けるのは不安だった。少しでも不安を取り除くためにアルバイトに精を出した。

「ずっとカフェでバイトして、夏休みは3つの飲食店を掛け持ちしました。焼肉とステーキと、そのカフェ。まかないは夜が焼肉で、お昼がステーキみたいな。朝からランチまでを焼肉屋かステーキ屋さんで働いて、移動時間で休憩して夜はカフェで働きました。本当にフルで働くと月15万円くらいの収入になります」

外見そのままの真面目で勤勉な性格のようで、大学入学のときから始めたアルバイトをずっと続けている。バイト先ではベテラン扱いのようだ。

「1～2年生は勉強が忙しいわけでもないので、フルで働いても苦ではなかった。とくに水商売とか、そっちの道に行こうというのはまったく考えたことなかったです。コツコツとアルバイトして、コロナになるまでに100万円くらいの貯金はできました。けど、去年の4月からシフトが減らされて、秋になってからはステーキ屋さんが閉店、あまりバイトができなくなった。収入がほとんどないので、貯金はどんどん減っています。無駄遣いしなくても、交通費とか食費とか教科書代とか洋服とか、それなりにかかります」

一応、恋人の存在を聞いた。大学3年の夏まで他大学に彼氏はいた。お互いアルバイトが忙しく、あまり会えない関係だった。LINEは毎日交換していた。彼氏は地方出身で一人暮らし。彼氏のバイト先も飲食店で、コロナによって閉店、家賃が払えなくなって実家に帰った。リモート授業で、実家に帰っても支障がなかったという。東京にいなくなった彼氏との関係は自然消滅した。

想像どおり、パパ活する女子大生取材には「親の協力がないのでアルバイトを頑張っている。もうちょっと収入が欲しい」という普通の大学生がやってきた。彼女は、どのようなパパ活をしているのだろうか。

「食事だけ」で2カ月25万円の収入

2020年12月、2度目の緊急事態宣言前にパパ活サイトに登録している。

「始めたのは本当に最近です。ずっと続けていたバイトができなくなって、店が元に戻る気配もなくて、もう最後の手段かなって。大学の同級生に、コロナ以降バイトどうしているのかとか、なんとなく聞いてみるんですけど、キャバクラとかガールズバーとか夜の仕事をけっこうやっていました」

葉月さんはキャバクラという水商売の存在は知っていて、たくさんの大学生が働いていることも知っていたが、とても自分に務まるとは思えなかった。

「ちょっと私には関係ない世界かなって思いました。そういう世界に手を出しちゃうと、金銭感覚がおかしくなっちゃうんじゃないかとか、就職に響くんじゃないかとか、そんな心配した。そんなとき、パパ活を思いつきました」

パパ活という言葉を売春と勘違いして拒絶する人もいるが、すんなり受け入れる人もいる。言葉が浸透すると、彼女のような素人女性が知るところとなり、市場は活況を呈する。

葉月さんはパパ活のことは、だいぶ前にネットのニュースサイトで知った。どの記事にも女子大生が多いと書いてあり、検索すると中年男性と食事するだけで5000～2万円がもらえると書いてあった。

「パパ活ならいいかなって思いました。みんなやっているみたいだし、私は最終手段でもガールズバーくらいなのかな。キャバクラはちょっとハードルが高い。自分に務まるとは思えないし」

最も有名なパパ活サイトに登録し、プロフィールを打ち込んだ。どうなるのか疑心暗鬼だったが、すぐに何人かの男性からメッセージが来た。やりとりして「食事だけでいい」と言ってくれた人と会った。

「本当にお食事して、それだけでお金をもらっています。メッセージの段階でカラダ目的の人もいて、それは断ってます。食事だけでもいい人と、本当にそれだけでお願いしてます。もう20人くらい会いました。だいたい40代の普通のサラリーマンの方で、独身の人が7割くらいかな、あとは既婚で子どもがいる人。正直、このまま続けたらまた金銭感覚狂っちゃいそうだなと思います。とくに昨年末から1月中旬は頑張って、10人くらいに一気に会いました」

40代の男性たちは、彼女と食事しただけで5000〜2万円を支払っている。昼間に待ち合わせるランチだと5000〜1万円、夕方からのディナーだと1万円〜2万円という。取材日までの2カ月間で25万円ほどを稼いでいた。バイトの収入よりも多い。

「私はけっこうしゃべるタイプ。好きなものとか。相手の質問を、そのまま答えたり。歴史も好きなので、歴史の話とか。あと映画とか音楽の話とか。私が自分の話をしていることが多くて、どうして相手がお金を払うのかわからないです。若い女の子と話したいだけなのかな、その先はまったくないです。私の場合」

根掘り葉掘り聞く男性は警戒

2カ月間で20人の中年男性と会い、そのうちの3人とは現在進行形で定期的に会っている。本当に食事をしてお金をもらうだけの関係だ。

「最初は食事というより、喫茶店で顔合わせしたいって言われます。喫茶店でお茶して5000円を頂いて、2度目に食事をしたとき1万円もらいました。サイトに顔を出してないので、顔が見たいんじゃないですか。相手がどういう関係を求めているのかよくわからなくて、カラダを求められないように最初に食事だけって伝えています。3人くらいの方から顔合わせのとき、3万~5万円くらいの金額でカラダの関係を求められたけど、それはお断りしました」

最初に顔合わせをして、相手がOKだったら食事をする関係に進展する。彼女は食べながら自分の話をして、相手の質問に答えるだけという。お金をもらって店を出て帰る。

パパ活でお金を出す側である男性のニーズはそれぞれだが、出会い系のツールでは素人女性を求める傾向がある。女性と、恋愛したい、愛人が欲しい、セフレが欲しいなどなど、相手のニーズを察してそれなりに満足させながら、駆け引きし、お金を出させる。しかし、葉月さんは何も知らない、なんの経験もないズブの素人で、男性のニーズも把握していない。興味もなさそうだ。清楚で若くてかわいいだけである。

話が面白い面白くないを含めて、相手に何かを提供しているわけでなく、提供する意識もない。今のところ、いくらかお金をもらえているのはビギナーズラックで、おそらく続かないだろう。男性からすれば、若い女性と食事をすることに価値はなく、何かしら関係を進展させたい。しかし、彼女は関係の進展を拒んでいる。

「それと、ちょっと危ないかも、みたいな人もいるので、そういう人とはかかわらないで逃げちゃいます。あと、どこに住んでるの？　何をしてるの？　とか根掘り葉掘り聞かれるのも警戒します。危険なことには遭ったことないですけど、やっぱり知らない人と会うので気をつけています」

パパ活カップルがあちこちに

清楚な見た目そのままのタイプで、パパ活は初めての冒険だった。中学高校の友達には水商売、パパ活経験者はいない。なんの情報もないので、パパ活と何度もネットで検索して、ほかの女の子はどんな感じなのかチェックしている。

彼女にとって中年男性は〝食事をするだけでお金を払う〟存在であり、肉体関係は拒むにしても、相手に何かメリットを与えよう、みたいな意識はまったくなかった。自己開示も躊躇《ちゅうちょ》しているようで、今の状態では継続は厳しいだろう、と思った。

「この喫茶店、パパ活の顔合わせでよく使われる店なんですよ。実は、私も先月来ました。あそこと、あのカップル、あと向こうの人たちもパパ活だと思います」

帰り際、そんなことを言い出した。16時半、パパ活の顔合わせのピークタイムのようだ。指摘するカップルを見てみると、30代のモテなさそうなオタクっぽい男性とおとなしそうな地味な女の子、40代ビジネスマンと20代前半の美人など、たしかに不自然なカップルだった。オタクっぽい男性と一緒にいる地味な女の子は、伊勢丹の買い物バッグを複数抱えていた。プレゼントをあげたというより、女性に引きまわされ、強引に買い物をさせられている印象だった。

「パパ活って変ですね。あんなたくさん、何か買わされてますよ」

葉月さんは「金銭感覚が狂うのが怖い」と言っていたが、今のところメリットの大きいパパ活を送っている。食事だけでお金をもらえるパパ活をまだ続けるつもりだ。

卒業時に奨学金で700万円超の負債

はじめまして！　都内の大学生です。
趣味は美味しいご飯巡りと旅行に行くことです。
海外に住んでいましたので英語も話せます。
お互いの希望が合えば写真も公開致します。
よろしくお願いします♡

続いてやってきた藤井優花さん（仮名／21歳）は、最難関私立大学3年生。見惚れるような美人で小柄でスタイルがいい。元ＡＫＢ48の川栄李奈似、大学でも美人という評価を受けているだろう。

「帰国子女で実家暮らしです。パパ活は学費もそうですし、あと生活費。実家にお金を入れているので。小学校高学年のときに両親が離婚して、ひとり親家庭で経済的に苦しいです。大学は奨学金をフルで借りて自力で通っています」

父親は自営業が成功して、ずっと裕福だった。インターナショナルスクールに通って、小学校のときにカナダ留学。小学校5年のとき、両親が離婚。中学校は日本の公立に通った。家族で暮らすのは母親の実家で、高校時代からいくらかお金を家に入れている。

「成績はよかったので、高校は授業料免除でした。高校時代から飲食店でアルバイトして、自分の使うお金は稼いでました。大学は授業料がすごく高い。なので、全額奨学金で通っています。第一種と第二種で月15万円くらいかな。コロナ前までは飲食店と英会話学校の講師とバイトを2つやっていたけど、コロナで両方ダメになった。それで興味本位というか、面白半分というか、パパ活をやってます」

奨学金は無利子の第一種は月5万4000円、有利子の第二種は月10万円、合わせて月15万4000円。卒業までに739万2000円という巨額の負債を抱える。コロナでバイトがなくなって、途方に暮れたとき、パパ活サイトに登録した。

「奨学金を借りているけど、金額が大きすぎて自分がどれだけの借金を抱えているのかわからない。いまの段階だと、とても返済できるとは思えない。お金が圧倒的に足りてないことだけはわかるので、稼がなきゃって意識はあります。だからパパ活やってみようかなって」

パパ活の存在は大学入学の頃、高校時代の友人から聞いたのが初めてだった。そのときは聞き流したが、大学2年の夏あたりから大学の友人間でパパ活の話題が出るようになった。楽に稼げるなら、すごくいいんじゃないかと思った。

「大学で〝何かいいバイトない〟みたいな話題になると、みんな冗談交じりでパパ活したいねってなります。最初はピンとこなかったけど、いざ自分がバイトできなくなると、それって効率いいよねって思いました。それこそお茶するだけで1万円もらえるとか、お食事で2万円みたいな。3カ月間で20人以上は会いました。私は危なくなさそうで、お金がありそうな人に、自分から〝お会いしたい〟ってメッセージ送っています」

条件はお茶で1万円、食事で2万円

優花さんは戦略的にパパ活をしている。自ら男性を検索し、自己紹介や職業、収入をチェック、自分から「お会いしたい」とメッセージを送っている。お金をもらうことが目的なので、相手の年齢は重要視していない。

「こっちから条件を提示して、長期的に会える方を探してやっています。能動的、積極的にいったほうが相手が引っかかりやすい。あっちも長期的には食事以上を求めてくるから、面倒ではありますす。けど、会いやすい。自分から声をかけたほうが合理的だと思います。私はエッチなことは一切やってないけど、とりあえずメッセージの返信はあるから話が早い。釣りみたいな感じ。メッセージが返ってきて、たとえば〝僕も相手を探しています〟みたいなところで、お茶で1万円、お食事で2万円みたいな条件を提示するんです」

食事2万円とは、かなり高額だ。強気な姿勢は〝現役一流大学生の美人〟という自覚があるからかもしれない。

「半分以上は2万円だとお断りされます。でも、稀《まれ》にOKの人がいる。理想は2週

間に1回とか、定期的に食事して毎回2万円をもらう関係。その条件で続いている
のは、50代の経営者みたいな人。何度も食事しているけど、正直、詳しくは覚えて
いないかな。もう一人は外資系のサラリーマンの方、年齢は40代後半かな」

2人のパパとは定期的に会う約束をし、2週間に1回のペースで昼間にランチ、もしくは夕方からディナーをする。すでに3回、4回、食事を共にしているはずだが、優花さんは、男性がどんな人か「正直、覚えてない」という。相手に一切の興味がないようだ。

中年男性は若い美人な自分と食事するだけで喜ぶ、価値がある、という意識で、男性側のニーズは無視している。

「たぶん、相手がお仕事の話とか、ずっと話してます。私はランチ美味しいと思っているだけ。相手のこととか一切興味ないし、相手が何を求めているかもわからないし、ただご飯を食べているだけ。でも、先日40代の方からそれ以上の関係になりたい、みたいなことは言われました。たぶんエッチなことだと思うけど、やんわり断りました」

食事だけで1万円以上、できれば2万円をもらうパパ活だった。

自分からメッセージを送り、相手が食事以上の関係を求めてきたら切る、ことを繰り返していた。20人以上と会って2度目があったのは3人、3度目があったのは前出の2人、そのうちの1人も関係の進展を求めたので切るらしい。初老の男性一人だけが残っている。

自分の都合だけを徹底して貫けるのは、美人だからなせる技だといえる。

中年男性はあらゆる関係の対象外

「進展しようとしたら切って、新しい人を入れてまわします。パパ活の相手と関係を構築したくないのは、単純に中年男性が気持ち悪いから。そもそもそんな年下に手を出す行為が社会的によくないと思うし、25歳下とかに恋愛感情とか性的感情を持つとか考えられない」

優花さんは強い口調で中年男性を全否定した。中年男性を異性としては見ていなかった。

「異性として見ると、年上というだけで抵抗ある。それこそ最近、3歳年上の彼氏とかできたけど、それまで年上と付き合いたいと思っていなかったし。3歳上でも抵抗があった。だから、自分の娘くらいの女の子に手を出そうとする精神性が許せないのと、あと既婚者が多いので、それもちょっと怖い。お食事だけだったらまだしも、一線越えたら訴えられることだってあるじゃないですか。そういうリスクもあるので、中年男性はあらゆる関係の対象外です」

一度だけ、40代後半の男性とトラブルがあった。その経験がキッカケとなって生理的に嫌だった中年男性を、さらに嫌うようになった。

「一度、顔合わせで会ったとき、経済的な事情を話した。相手はこれからサポートするよ、みたいなことを言ってくれて。3万円を振り込んでくれた。ランチする予定だったけど、会わなくていいから、と言ってくれて。さすがに会わないのはまずいと思って、〝次回、いつ会えますか?〟みたいなLINEを送ったんです。そうしたら、約束と違うみたいな話になった。食事じゃなくて肉体関係、って言われて、もちろん断ったんですよ。〝今までありがとうございました〟みたいな感じで終わらせたんだけど、振り込んだ3万円返せ、返さないと訴えるって。怖かったので、返しました」

パパ活歴3カ月、20人の男性と会ってきた。「相手はどうしてお金を払って会うのだろう?」と質問すると、「やっぱり、肉体関係を持ちたいんじゃないですか」と言う。彼女は相手に興味がなく、会話も聞いていない。そうなると、そこにしか価値がないのは当然だといえる。なんのメリットも与えないけど、支援だけしてほしいという要望は基本的に続かない。

「2万円を払い続けるのも、その先に対する投資になるのかな。そういう人を避けてメッセージを送っているけど、やっぱりそうですね。多少、会話を続ける努力とか、無愛想にならないように気をつけるとか、ちょっと愛想をよくしたりとか、気は使っているけど。40代の方と肉体間関係を持つことをいざ想像したら、気持ち悪いというか。顔が近づくだけで気持ち悪い。私、彼氏にも厳しい方なので、本当に好きな人としかやりたくない。だから、パパ活でそういう関係になるのはあり得ないです」

コロナによって、まだバイトはできない。生理的に嫌いな中年男性と会うパパ活を、まだしばらくは継続していくそうだ。

大学生の貧困＝団塊ジュニア世代の貧困

葉月さんも優花さんも、相手のニーズに耳を傾ける気はなく、「金銭的に苦しいので支援だけしてほしい」という意識だった。彼女たちの親は娘を大学に行かせる経済力がない。経済力がない親を持つ娘が、親と同世代の経済力がある勝ち組に金銭をたかるという現象が起こっていた。

パパ活女子や女子大生風俗嬢たちの話を聞いていると、彼女たちの人生や生活に団塊ジュニア世代の男性が大きく影響していることがわかった。なにかしらの下心を抱きながら近づいてくるパパ活のパパ、横暴な風俗客、そして彼女たちの父親の多くは団塊ジュニア世代である。

団塊ジュニア世代（昭和46年〜49年生まれ）は第二次ベビーブーム生まれで、とにかく人数が多い。出生数は各年度２００万人を超え、２０２０年の出生数約84万人の約2・5倍もいる。団塊の世代と並び、日本の人口ピラミッドの頂点となっている。

筆者は昭和47年生まれの同世代なのでわかるが、団塊ジュニア世代の男性は、自分たちはまだまだ若い、女性にもモテると思っている。しかし、現実はもはや「何をやってもモテることは不可能」「モテるどころか女子たちのカモ」という時代に突入したようだ。平成10年代生まれの子どもたち世代に、勘違いしている意識を見抜かれているといえる。

彼女たちの発言からもわかるとおり、団塊ジュニア世代、バブル世代の中年男性は若者から嫌われている。理由はたくさんあるが、簡潔にいうと昭和時代からの年功序列や上下関係、男尊女卑を引きずっていることが大きいだろう。感覚が古いのでまともな会話にならない。さらに、財界からも使えないとお荷物扱いされている。企業は次々と黒字リストラを宣言し、45歳で早期退職を迫っている。

お先真っ暗なおじさんがモテるはずがない。恋活や婚活市場では、人口ピラミッドの頂点にいる膨大な中年男性が余り、多くの男性が誰にも相手にされないで吹き溜まっている。パパ活では女子大生たちに人間関係の構築に値する人として認定されず、お金だけを取られている。そして、家庭では子どもの大学進学費用を払わずに負担を背負わせ、不和を招いている。

団塊ジュニア世代の男性は、有名人でいうと、竹野内豊（昭和46年生）、木村拓哉（昭和47年生）、中居正広（昭和47年生）、ホリエモンこと堀江貴文（昭和47年生）、新庄剛志（昭和47年生）、渡部建（昭和47年生）、貴乃花光司（昭和47年生）、反町隆史（昭和48年生）、田村淳（昭和48年生）、有吉弘行（昭和49年生）などなどになる。人数が多いので受験も就職も競争が激しく、過酷な競争を勝ち抜いた有名人のなかには輝いている人もいる。しかし、かなり早い段階で大多数は負けが確定し、ひきこもりや中年童貞として社会に迷惑をかけている。

大学生の貧困は「団塊ジュニア世代、バブル世代」男性の貧困につながっていると言えるだろう。平成時代、日本は女性と若者を貧困化させた。そして、令和は企業がメンバーシップ型雇用からジョブ型に移行することで年功序列が消滅し、メンバーシップ型企業にぶらさがる団塊ジュニア男性はリストラ直前か、またはリストラされてしまっている。

大学生の貧困は親の貧困、または親の責任放棄があるので、団塊ジュニア世代男性の苦境がそのまま現在、大学生の子どもに影響していることになる。大量の中年男性が成長のないまま、感覚が古い使えないおじさんになり、企業にも若い世代にも、もっといえば優遇される親世代の団塊の世代にも切られ、女子たちにモテるどころか、迷惑な存在と思われながら最後の稼ぎをたかられている、といったところか。

「好きになる要素がない。ゼロ、皆無」

若者の団塊ジュニア男性、バブル世代男性嫌いは男女共通だ。年功序列や上下関係、男尊女卑の意識が根づいている彼らは、ＳＮＳやニュースサイトのコメントで女性や若者に偉そうに説教したり、風俗店で横暴な態度を取る。しかも、しつこい。ネットの誹謗中傷《ひぼうちゅうしょう》が原因の自殺も相次いだ。元凶は彼らが青春時代に流行った２ちゃんねるの影響だろうか。匿名ならば、どんな暴言を吐いてもいいという意識があり、好き放題にやりすぎたのだ。

このゲリラ的に行ったパパ活取材で、女子大生ではない女性も来た。せっかくなので、ここで証言を載せておこう。非正規会社員の東野玲奈さん（仮名／25）は、コロナでギリギリだった収入がさらに下がった。非正規は雇用の調整弁なので有事には切られる。生活苦となり、夏からパパ活をする。週2、3日というハイペースで食事をするのは、信用金庫に勤める団塊ジュニア世代の男性（48）だった。その男性は一緒に食事するだけで喜んでいるらしい。

「その人は、彼氏とは全然違います。え、なんだろう。恋愛感情はまったくないです。相談係。相談おじさんです。お金くれるからありがたいけど、おじさんだし、好きになる要素がない。ゼロ、皆無。さすがに嫌悪感は抱かないけど、触れてほしくないです。好意も抱いてないです。いい人だなってだけ。だいたいおじさんと恋愛なんて、あり得ないよ、そんなの。誰からも聞いたことないですよ。金融関係で法律とかに詳しいし、実は借金があるけど、相談して援助してくれるいい人が見つかって、よかったなって」

男性には「肉体関係はなし、恋愛もなし、お金だけ欲しい」と釘を刺している。男性は毎回一生懸命にアドバイスし、1万円を払って帰っていく。男性側は淡い期待を抱いているが、彼女には相談係兼食堂兼お小遣いをくれるおじさんという意識しかない。

意識高い系パパ活女子

相対的に40代の中年男性は、若者たちに嫌われていると書いてきた。しかし、そのような女性ばかりではなかった。

はじめまして。都内の大学に通う大学生です。よろしくお願いします。
会って色々お話できればなと思います。起業も考えています。
是非、お話したいです。よろしくお願いします。

本間愛美さん(仮名/22歳)は、中堅私立女子大4年生。来春から就職だが、企業名は教えてもらえなかった。浮かない表情をしている。取材に乗り気でないというより、自己実現ができていない自分のことはあまり語りたくない、みたいな印象だった。

――パパを探しているの？

「そうです。お金が欲しいから。学費とか将来の貯金とか、すごい将来に不安がある。そのときのためにお金があったほうが気持ち的に楽と言いますか」

――具体的に、何が不安？

「大学もそんなに頭いいところでもないのに、やりたくない会社に入って、ずっとやりたくない仕事をするのが嫌。だからパパ活で成功している人たちと接して、今まで知らなかったことも知れる。年上男性から知識とか経験とかを得ながら、お金を集められたらいいなって」

――お金をもらって、さらに人生の先輩から勉強もしたいと。

「そうです。私は仕事の利害関係者ではないので、みんなすごいペラペラしゃべってくれます」

――やりたくない仕事ってどういうことをやりたくないの？

「やりたいことが明確じゃないけど、たとえばずっと朝から夜まで営業とかテレアポしてるのが嫌だな、という感じです。一応就職先は決まっているけど、研修でテレアポをずっと朝から晩までかけるっていう状態で、それをやりたくない」

――テレアポの研修って？

「会社的にこういうことをやりますみたいな感じです。テレアポは契約まではいかないけど、ただアポイントを取る。時給でちゃんとお金は出ました」

――どうしてやりたくないのに、その会社を選んだの？

「やりたいことも漠然だったし、いろんな会社受けて受かった会社がそこだったから。絶対そこに行きたくて受けたわけでもないです」

――やりたいことがないと、しんどいよね。

「しんどいです。好きな仕事だったら別にしんどくないけど、好きじゃない仕事をずっとしているのがしんどいといいますか……はい。自分は別に頭いい大学でもないし、目立った経験がなくて、このまま凡人で終わるのが嫌だといいますか。凡人が嫌です。お金を稼いでいる女性は憧れです。バリキャリといいますか、最近いろいろ投資とかで稼いでいる女の人いるし」

――意識高いんだね。

「すいません、学費と関係ない話になっちゃって……親も会社員なので、そういう話をしたとしても、〝え、なんで会社員じゃダメなの？〟みたいな話になって。お父さんの時代と違って、会社員でも生活厳しい人もたくさんいるっていう話をすると、女の子だったら会社でＯＬとかでいいんじゃない？　とか言う。私は嫌なのって」

――親が言っていることと、今の愛美さんの認識がずれている？

「自分の気持ちと親の思考はちょっと違う。毎日ケンカしてて、就職活動のときも。最終的には女の子だから、別に挑戦とかしなくていいんじゃない？　という考えだった。親は事務とかでいいんじゃない、みたいな。事務はＡＩに取られるし、誰でもできるし」

――お父さんは、おいくつなの？

「26歳のときの子どもって言っていたから、いま48歳です。で、実はネットワークビジネスにハマったことがあって、それが親にバレてから話し合うみたいな機会が増えちゃって……」

愛美さんはやりたいことがないのに、意識だけが高い状態だった。能力がないのだから高望みするな、という親の意見は正しい気がするが、強く反発しているようだ。自覚しているように頭はよくない印象で、本人は言葉を濁していたが、どうもパパ活の前に自己啓発セミナーや起業サークルに通い、ネットワークビジネスに引っかかった経験があるようだ。

ネットワークビジネスとは〝マルチ〟とも呼ばれるビジネスで、口コミによって商品を広げていく。購入者を販売員として勧誘して、その販売員がさらに購入者を勧誘するシステムで、勧誘は主に友達同士で行われる。昔から大学生はターゲットで、いまはいわゆる「意識高い系（笑）」的な人種が集まる大学の起業サークルや街コンで購入者兼販売員探しをしているようだ。お金がどんどん上へ流れる仕組みで、ほとんどの者は購入するだけで販売ができないで大損する。

ネットワークビジネスでの借金

——ネットワークビジネスやっているの？

「大学2年のとき。いろんなセミナーに足を運んだりして、ネットワークビジネスに誘われたのは大学の起業サークルでした。勧誘する人ってうるさいじゃないですか、べらべらと……で、かかわりました。でも、そこは今日の話と関係ないんで……まあ、逃げました。バックレて。ちょっと忙しいんで就活でって。1年以上前ですけど」

——いくらかお金取られちゃったんだね。

「仕方ないです。自己責任です。で、ちゃんとした女性になりたいし、女子大行きたいって奨学金をマックスで借りて進学して、大学1年のときに飲み会とかサークルとか普通の大学生活を送って、これじゃいけないって思った。留学も考えたけど、英語が好きってわけでもないし、そんなときにネットワークビジネスに引っかかりました」

——奨学金マックスって、親は出してくれなかったの？

「全額は無理みたいな。奨学金だけだと足りなくて、奨学金の額とか返済とか利子とかあんまり知らなかった。みんな借りてるし、借りるよみたいな感じ。大学の説明会で奨学金の話を聞いてると、こんなに利子って増えて返済額も100万円くらい多くなってる。永遠じゃないけど20年間くらい毎月2万1000円を払わなきゃいけない。初任給20万円で手取り15万円だと無理だなと思った」

第二種奨学金を月10万円借りている。学費はすべて奨学金でまかない、生活費をアルバイトをして稼いでいた。時給1050円の飲食店で働き、収入は月10万円くらい。彼女はネットワークビジネスをバックレたことで怯《おび》えていて、具体的な社名や被害額は言わなかった。大学2年のとき、いくらかお金を取られたようだ。

「だから、お金がなくて、お金の結果をすぐ出しやすいのはパパ活かなって」

大学2年の冬休みにサイトに登録、パパ活を始めた。結局、自己実現したい意識高い系の女子大生がネットワークビジネスに引っかかり、負債を抱えてパパ活に走った、という痛々しい話だった。

パパ活は〝自己実現〟のため？

――飲食店のバイトとパパ活、ダブルインカムしたんだね。

「そうですね。就活もあったので、バイトもインターンとか土日に入っちゃうからできなかった。いろいろ効率よく稼ぎたいしな、と思って。私、頭がお花畑だったので男性と普通にお茶して食事してお金もらえるの？　って思っていた。けど、そうじゃなかった」

――意識はどう変わっていったのかな。

「最初はお茶して1時間1万円もらえた。え、すごいと思った。でも、ツイッターとかでパパ活ってみんなどうやってやってるんだろうな？　と思って調べたらみんな月100万稼いでいるとか、一歩先のこととかをやっていた。パパも立場がある方を捕まえていて、気持ち悪いおじさんとかじゃなかった。パパ活して何か男性としていいなと思う方もたくさんいたので」

――どれくらいのペースで会うの？

「週1ですね。就活が終わってからは暇というか、時間がある。だから週3ぐらいで会ったりしてました。常時5人くらいの男性と連絡を取って、定期の方は1〜2人くらい。相手はみんな経営者の方です。経営者だと時間の都合がつきやすいので、学生ってお昼でも時間が空いてるからお昼に会ったり。最初はこういうカフェでお茶してという感じで、簡単な自己紹介とサイトに登録してどのくらいなのとか、なんでやっているのとか、今学生なのとか。本当に普通の会話です」

——なんでやってるのと聞かれて、どう答えるの？

「最初はお金が欲しいとか率直に言っていたけど、成功した方と話したくて、自分が何をやりたいのかわからないけど、今モヤモヤしてる、みたいなことを言うと、すごいみんな話を聞いてくれます」

——何かしらアドバイスされるよね。

「一度社会に出ろ、という話をされます。経営者の方って大卒の方が多いけど、中卒の方とかもいて、会社員やらなくても起業はやろうと思えば誰でもできる、みたいな感じの話も聞きました」

愛美さんのパパ活は肉体関係があるようだ。複数の中年男性を尊重してニーズに答えようとすると、必然的に肉体関係になる。ネットワークビジネスの次はセックス。他人のふんどしで上昇したい欲を描くのはいいが、裏目に出ている。ネットワークビジネスもセックスまみれも、意識が高く自己実現を求めたことがキッカケとなっている。

パパ活セックスと90万円

——最初は食事だけでお金くれると思っていた。けど、何が違ったの？

「最初はお茶だけでも、2度目から〝5時間くらい空けてほしい〟と言われて。大人デートって言われてホテル行ったりみたいな……」

——定期的に会っている人は、みんな肉体関係？

「………はい」

——いくらくらいもらえるの？

「私は5万円でお願いします。今の方々は毎回5万円くれます。でも、いつ切れるかわからないので」

――長続きしないの？

「しないです。最長でも3カ月でフラれます。3カ月なので、エッチは10何回かですね。理由はわからないけど、私がちょっとポンコツすぎて。ほかの人と会っていることがバレちゃって名前を間違えるとか」

――オヤジは本当に付き合っているつもりなんだ？

「わからないけど、男の人って裏切られると悲しいんじゃないですかね。男の人って裏切られたりすると」

――あたなにだけ会っている、という設定なんだね。

「相手にそうしてって言われたので」

――でも、常時5人もいるんだよね。週1でも、毎日セックスになっちゃうね。

「そうですね、そうなっちゃいます。相手の方々のことはそれなりに好きではあるけど、彼氏とは違います。最初は外見とかおじさんは嫌だなって思ったけど、話していくうちに馬が合うというか」

――それに新規も探すとなると、パパ活でフル出勤みたいな感じだ。

「1月はすごい頑張りました。90万円稼ぎました。週5です。新規は面倒くさいんだけど、ご飯食べに行くだけだったらいいやって、一日に5人会ったりして。実は今日もこれから2人会うし、忙しいです」

それなりに成功している年上男性たちに遊ばれているようだった。彼女の価値は若い肉体だけ。それに対価を払って飽きたら捨てられる、みたいな感じか。

――彼氏はいるの？

「いないです。だいぶ前からいないです。大学1年生でちょっと付き合って、そこからないですね。興味はあるけど、友だち止まりで終わったり」

――モテないの？

「同年代にはモテないです。こういう感じだからかな。私は成長意欲が強くて、相手にできないと言われたことがあります」

――年上の人のほうがいいの？

「ぜんぜん年上のほうがいいです。20歳くらい上なら、ぜんぜん大丈夫です。お金がある。あと優しい、尊敬できるし、やっぱり怒らない。余裕がある。パパ活で知り合った相手を好きになっちゃったこともあるけど、相手にされなかった感じです」

今、夕方17時半。これから新宿で新規2人と顔合わせの約束をしている。43歳の会社経営者、49歳の自営業者だそうだ。先月稼いだ90万円と今月の稼ぎでネットワークビジネスの負債はなくなった。意識高くバリキャリのイメージに憧れた彼女は、大学4年間で、結局、中年男性相手の売春的な行為でしか結果が出せなかったことになる。

自己肯定感の低いセフレ体質

21歳の大学生です。
いろんな人とお話したいです！
体の関係は内容次第では大丈夫です。
性格はおもしろくて元気があると言われます！
よろしくお願いします♡

坂本萌さん（仮名／21歳）は、多摩地区にある中堅私立大3年生。九州出身、進学で上京して東京郊外に一人暮らししている。体型は少し太っている。愛想のいい女の子だった。学費と家賃6万5000円は父親が払ってくれて、それ以外の光熱費、生活費はアルバイトで稼いでいる。父親は上場企業の営業職で、経済的にはやや恵まれた部類の女子学生だった。

――まず、今の経済状況から聞いていいですか。

「親に学費は出してもらっているんだけど、一応貯金して返していこうと思っていて。卒業のときまでに50万円くらいは貯金して返したい。ただでさえ片親で、兄がいるんですけど、地元の大学を卒業して地元で就職したんですよ。私はお金がかかっているので、申し訳ないなって」

――学生生活するのに、いくらくらい稼がないといけないの？

「月10万円あったらすごい余裕。去年からコロナの影響で遊びにも行ってないのでお金はかかってないです。バイトは時給1200円のコールセンターをやっていて、コロナの影響で一席空けるって関係でシフトが減らされた。だからパパ活とか、そういうのを始めました」

――シフトが減ったからパパ活？

「前にバーでバイトしていて夜しか働けなかった。そこで知り合った方にパパ活やりなよって。最初は一昨年の5月とかで、そこからやったり、やらなかったり。こっちに上京してちょっと調子に乗ってたというか。東京っていっぱい遊ぶとこあるし、遊ぶのにもお金いるし、でも貯金したいし、でも欲しいバッグとかもいっぱいあるし、みたいな」

――物欲もあるんだね。

「母親は離婚しているけど、連絡は取っていて。大学生になったときに、進学祝いでプラダの財布をもらったんですよ。服とかバッグとか、安いものをいくつも買うより、高いものを長く使ったほうが素敵だよ、って言われて。ブランド物って高いじゃないですか。どうすれば買えるかなって思っていたとき、パパ活を知った」

――パパ活で稼いでブランド物を買った。どうだった？

「めっちゃうれしかった。素直に。それで味をシメたというか。私、自分に自信なくて、高校生のときもセフレみたいな人がいたんですよ。大学で上京してからも、やっぱりセフレみたいな人ができたりして。パパ活を知って、そういう行為がお金になることがわかった。お互い、何も感情がないのにお金をくれないセフレみたいな関係って、すごく不平等だなって思ってパパ活に切り替えた感じです」

萌さんは自分に自信がない。肉体関係とセットだったら異性が相手にしてくれるのではないか、という自己肯定感の低さがセフレという関係に至る理由だ。

35歳以上とのセックスはお金をもらう

——何がコンプレックスなの？

「そんなに容姿がよくなくて、太ってるし。頭もすごいいいわけじゃない。特化したものが何もなかった。高校は吹奏楽で推薦もらったけど、じゃあ音楽大学に行って、音楽で食べていくとかまでいかなかったし、私ってダメなんだなってずっと思っていました。セフレって関係を知ったのは高校で、10歳年上の奥さんがいる人とセフレになりました」

——自分は太っていて何かの才能がないから、セックスだけの付き合いでもしょうがないと思ったと。

「そうですね。今考えたらその人はクズだけど、別にいいかなって思っちゃった。クズな人をクズって理解できる判断力を持っていなくて、そういうのを見極めるためには経験を積むといいますか……だから、パパ活は前向きにやっています。パパ活する前はめちゃセフレつくっていて、パパ活やってお金をもらったことで考えが変わりました」

——どういうこと？

「自分に価値があるって気づいたことです。大学1〜2年生のときは叔母のお家にいて、それがストレスだった。家でくつろげないし、つらくて。家にいたくないし、でもお金もない。そうなると男とホテルに行くしかないわけです。だから、セフレ」

——どこでセックス相手を見つけるの？

「アプリでした。アプリとナンパとか。ホテル行こうってなる人もいれば、普通に遊ぼうみたいな人も。どっちでも私には都合がよくて、新宿のラブホテルもよく行きました。パパ活しながらセフレもいて、会ってて楽しい人はセフレです。だからこの人はお金いらない、この人からはお金もらわないと嫌だなとか区別していました」

——お金をもらわなきゃいけない男性とは？

「おじさんです。そのときは35歳以上でした」

3つの出会い系アプリと、2つのパパ活サイトを活用している。プロフィールに肉体関係を匂わせているので、中年男性が群れてくる。自己評価の低い彼女は男が群れてくることに安心して、相手が望めば肉体関係になる。35歳以上だったらお金をもらう、それ以下だったらお金をもらわないという一線を引いている。パパ活サイトで会うのは40代がメインで、お金は相手の言い値でやっている。一番高かったのは7万円、安いと1万5000円、3万円が一番多い。

——セックスばっかりして大丈夫なの？

「ちゃんと検査行っていますよ」

——セックスばっかりしているのは、なぜなの？

「大学でそういう勉強も出てくるけど、依存症ってあるじゃないですか。たぶん、それに近いと思います。原因は何？　って自分で考えたとき、すごいやっているときって、その人は自分しか見ていない。それがすごいうれしいのかも。高校生のときのセフレとか、奥さんがこういう行為を好きじゃないって言っていて、それに関して優越感というか。彼が喜ぶんだったらもっとうまくなりたいとか、技術を身に付けたいとか思っていたし」

――ひとり親ってことが関係しているのかな？

「それも原因のひとつかも。家族の中で自分が一番下で、下だからこれできないよね？　って言われるのがすごい嫌だった。バカにされている感じがした。だから性的なことも詳しくて、できることはいいことじゃないか、みたいな感覚はあります」

――結局、経験人数はどれくらいなの？

「まだ21歳なので、さすがに3桁《けた》かな。私は行為が嫌いじゃないし、それでお金もらえるし、めっちゃＷＩＮ－ＷＩＮじゃんって思ったことはあります」

趣味と実益を兼ねたパパ活なので、お金をもらわないケースも多い。毎日のようにセックスしているが、稼いでいるのはせいぜい月15万円程度だという。卒業までに50万円を貯金し、父親に学費の一部を返そうと貯金をしている。まだ、その金額は貯まっていない。

高校1年のとき5万円で処女を売った

学生です。18歳です！
いろんな男性と会ってみたいです‼
性格は明るい、楽しいってよく言われます。
よろしくお願いします！

大木莉奈さん（仮名／18歳）は、東京郊外にあるFランク大学1年生。牛丼チェーンのアルバイトが終わって、真っ直ぐ新宿に来ている。童顔で何度も使い古している安物のカジュアルを着ている。18歳という年齢より、もっと子どもに見えた。
「カラダ売るのは売春っていうんですか。パパ活？　よくわからないけど、高校1

年生からずっとやってますよ。Ｔｗｉｔｔｅｒで募集して、普通にエッチです。きっかけは高校のクラスメイトがやっていたから。お金がないならいいよって」

コロナ前は高校生だった。都内の低偏差値高校を中退、通信制を卒業している。高校時代から日常的にカラダを売っているようで、筆者にも平然とした顔で「今日はエッチやりますか？」と言っている。カラダを売ることに対して、なんとも思っていないようだった。

「家がシングル家庭で貧乏だから、高校のときはお小遣いがもらえなかった。高校もバイトしてはダメって感じでバイトできないし、お小遣いももらえないから、お金がなかったの。だからＴｗｉｔｔｅｒで援助交際をやろうって。クラスメイトがＴｗｉｔｔｅｒいいよって、都合いいって。淋《さび》しいのでかまってください、みたいな書き込みして。で、#援助とか、最近だったら、#パパ活とか。学校終わって18時に駅前で待ち合わせね、みたいな。土日は池袋とか新宿まで行きました。大きな繁華街のほうがホテルもあるし、やりやすい」

地元は東京郊外、ひとり親家庭だった。最寄り駅からバスが出ている大きな団地に母親と、中学生の弟と3人で住んでいる。出身高校は東京で1、2を争う低偏差値高校で、AO入試で千葉県にあるFランク大学に進学した。通学に2時間以上かかる。

「高校1年のとき、私だけが処女。それが本当に嫌だった。だから売ったの。最初だけ5万円もらいました。処女の値段が高いのはクラスメイトに教えてもらいました。友達がいなかったので、友達じゃないけど、高校はほとんど全員が売春みたいなことしていたかな。昼休みとか、みんなエッチとか売春の話ばっか。だから援助交際とか売春とか、あの高校にいると誰でも詳しくなっちゃいます」

昔から処女を売春的な行為で失う人はいる。筆者はそのような女性を何人も知っているが、彼女たちは総じて普通ではない。セックス＝お金をもらう行為という意識が強くなり、恋愛的なことは敬遠してずっと風俗や売春をしていたりする。

平然と売春の話をする莉奈さんもその典型で、心の奥底はわからないが、表面的には恥ずかしい、後ろめたいみたいな感覚がない。高校時代はクラスに溶け込めないで浮いた存在だったようで、まったく仲良くないパリピ系グループの女子から「あんたもＴｗｉｔｔｅｒやりなよ」と言われた。クラスメイトはＴｗｉｔｔｅｒのアカウントをつくってくれ、言われるまま文章を打ち込んだ。すぐに複数の男性からメッセージがあり、その日のうちに処女を売ることになった。

「少し痛かったけど、寝ているだけでお金もらえるから楽だなーって思いました。処女のときは5万円になりました」

その日からやったり、やめたりしながら、ずっと援助交際、売春、パパ活を続けている。いまはパパ活サイトと、いくつか援助交際専門のサイトを使って相手を探している。

偏差値38の高校を退学

取材対象を探すために利用したパパ活サイトは、交際クラブの延長で経営者など、ステータスの高い男性を対象にしている。彼女が高校の同級生から教えてもらった援助交際専門サイトは、男性の質は下がる。男性も女性も売春的な行為を前提にしているので、なんの駆け引きもなく価格は1万5000円～3万円程度を提示される。最も若い莉奈さんは、これまでのパパ活女子大生たちより安くカラダを売っていた。

「その高校に進学することになったのは時間にルーズだったから。中学校の頃から現在に至るまで、登校の時間に間に合ったことはほとんどないの。高校のときは朝起きることができなくて単位を落としちゃった。リモート授業だけど、今も全然ちゃんとできなくてたくさん休んじゃっています」

日本学生支援機構の奨学金を借りて進学している。奨学金は母親が管理し、そこから母親が学費を払っている。彼女は「奨学金もらっていますよ。母親が言っていたけど、借りてるお金ともらったお金があるみたい」と言っている。自分が借金しているという認識はなかった。第一種と第二種のダブルとなると、母親は月15万円ほど借りている可能性がある。そうすると、彼女は卒業のときにおよそ720万円の負債を背負う。取材中だったので、そのことは言わなかった。

「高校もルーズすぎて、遅刻しすぎて単位落として退学した。偏差値38の高校を退学しちゃって、めっちゃ笑われました。だから通信卒。高校はもともと超不良学校だったらしいけど、今はギャルがいるくらい」

高校の休み時間は、売春とセフレ、恋愛、ＴｉｋＴｏｋの話ばかりだった。

「こんなバカになったのは時間にルーズだから。中学校もほとんど全部遅刻しちゃって。お昼の時間とか、五限とかに行って。授業にまったくついていけなくて偏差値40の高校に落ちて38になりました。友達いないです。ずっと孤立しているのも、時間にルーズだから。午前中に学校に行けないんだから友達とかできないですよね。さびしいですよ。でも仕方ないって思っています。いまも大学に友達いないです。最初はさびしいな、友達欲しいなって思ったけど、人間関係で揉めたりしてるから友達いらないかなって」

セックスの気持ちよさがわからない

莉奈さんは２００１年生まれ。パパ活サイトは年齢確認があるので最低年齢になる。学校から体罰や暴力もなくなり、東京23区内では反抗する不良も見かけない。周囲の空気を読みながら自己責任で生きることを強いられている世代で、低偏差値高校も暴力はなくなったが、売春だけは脈々と受け継がれていた。

さびしい、と言っていた。彼氏はいないのだろうか。

「いないです。募集中です。理想は色が白くて、背が高くて、髪の毛が長くて、筋肉があって、趣味とか私のやりたいことに理解がある人を探していたけど、さすがに高望みだなって。最近は自分より精神年齢が上ならばいいかなって。でも、出会いがないです」

大学にカッコいいなって思う人はいるけど、彼女がいる。牛丼屋の同僚もみんな彼女がいるようだった。サボりまくっている大学では孤立している。

「大学の授業をちゃんとやらないのは、別に病気じゃないけど、ダルいなとか、朝起きれないみたいな。本当に起きれない。普通に起きれなくて。授業は休みばかり。午前中に起きれない、無理なんです」

後期から通学が始まったが、授業の時間に間に合ったのは数えるほどしかない。後期の後半は面倒くさくてほとんど出席していない。たくさんの単位を落とすのは確実で、大学を続けるか退学するか悩んでいるという。

「学費は奨学金をもらっているから、私がバイトで稼がなきゃならないのは食費と洋服代とか遊ぶお金とか。牛丼屋のお給料は月3万～4万円くらい、足りないのでパパ活とか援助交際なの。牛丼屋は18時から22時、あと深夜帯。バイトも遅刻ですよ。着替えが遅かったりとか、行くの面倒くさいなとか。テレビ観ていたら遅刻しちゃったとか。仕事は楽。深夜帯とか客が来ないので。でも火鍋やってて、つくるのが超面倒。牛丼ならばいい、楽なので」

生活パターンは昼過ぎに起きて、大学に行くか行かないか悩む。結局、休んで夕方に牛丼屋に遅刻して出勤する。深夜に家に帰宅し、ダラダラしながら朝4時くらいに就寝する。昼過ぎに目覚め、大学に行くか悩むというループのようだ。パパ活や援助交際をするのは、牛丼店が休みの日。だいたい18時か19時に新宿や池袋で待ち合わせる。パパ活だと食事をすることもあるが、援助交際だとすぐにラブホテルに行く。

「お金もらえるなら、誰でもいい。怖い目にはあったことないし、一度もない。おじさんとかでも、いろいろ助言とか悩みも聞いてくれるし、いい人が多い。今はツラいことがあっても、将来はいいことあるから頑張れとか言う。はは。お金もらったセックスしか経験ないから、全然気持ちよくないかな。セックスしたら気持ちいいとか、みんな言っているけど、わからない」

さびしい気持ちを埋めるため

処女を捨ててから3年間、知らない男性との肉体関係しか経験がないという。今の条件は〝ホ別、ゴム付、3〟だ。ホテル代は料金に含まれず、挿入時には必ずコンドーム着用で、価格は3万円という意味だ。

ネットで知り合った知らない男性相手のセックスのとき、ずっと感じている演技をしているらしい。もう3年間もやっているので演技は得意である。

「最近は会って挨拶して、適当に話して。ホテルに行って、雑談して。雑談は、天気の話とか。それでキスして、それから流れで普通にやる。今まで何度も売春はやめようと思ったけど、真面目に働くより、2万円とか3万円もらったほうが割がいい。やめたいなって理由は人として終わっているなとか、女として終わってるなって理由。でも、やめられない。楽だから。やめても、普通に働くほうがダルいから戻ってきちゃうんですよね」

経験人数はなんとなく数えていて200人を超えている。

「どんな人でも全然抵抗ない。キモチ悪い人でも大丈夫、お金払ってもらえば。こうやって会ってくれる人って、私の心を満たしてくれる。かわいいとか、褒めてくれるし」

ずっと拭えないさびしい気持ちは、知らない男性と売春すると、ちょっとだけなくなるという。知らない男性との肉体関係は何度も経験すれば慣れる。でも、さびしい気持ちはずっと拭えないで抱えている。それがやめられない一番の理由だった。

女子大生のパパ活は超一流大学の帰国子女から、Fランク大学の自暴自棄な少女までそれぞれだった。インターネットサイトやアプリによって一般化したパパ活市場は、格差社会の下層に追いつめられた親の影響で経済苦となった彼女たちが、親と同世代である格差社会の上層に対して、唯一の価値である女性性や若い肉体を使って再分配をさせる生臭い世界だった。

第六章

ハダカになる母親たち

お母さんはデリヘル嬢

「5年前に主人がリストラされまして、それでこの仕事に。主人はリストラされたのと同時にうつになって、しばらく働けなくなりました。子どもが大学生で学費がかかる時期と重なったので、まだまだやめられません」

酒井美恵さん（仮名／48歳）は大塚の熟女デリヘル嬢だ。外見はぽっちゃり体型のどこにでもいる普通のお母さんという印象。誰も風俗嬢とは思わないだろう。51歳の夫、それに大学2年生の娘の3人家族、東京郊外に35年ローンで買った小さな持ち家で暮らしている。

実は、この数年、子どもの大学学費のために風俗勤めや売春するお母さんが増えている。最低賃金に張りついたパート労働が象徴するように、中年女性が対象の良質な雇用はきわめて少ない。一家の大きなアクシデントといえる夫のリストラや失業だけではなく、夫が低賃金というだけで共稼ぎしても生活は苦しく、その苦しさから逃れるため、お母さんが風俗や売春に踏み切る。さらに子どもの進学費用が重なると、もう現実を乗り切る改善策はなく、〝私が風俗か売春するしかない〟と多くのお母さんたちが決断している。

お母さんの売春は、夫や子どもにとっては考えられない事態だ。しかし、全国的に実質賃金が下落し、大学進学費用という大きな負担を強いられるなかで、お母さんの売春が激増していることは間違いない。もうひとつ、日本の人口ピラミッドがその異常な現象に影響している。現在、日本は70代の団塊の世代、40代後半の団塊ジュニア世代が消費市場の中心だ。風俗産業、売春業では男性客の高齢化で30〜40代の中年女性にニーズがあり、今は実質的に肉体や女性性を売るビジネスは年齢の上限がなくなっている。

かつてコンビニで成人誌が販売されていたころ、筆者は男性の性のニーズを把握するために、毎月入れ替わる雑誌棚をチェックしていた。中年女性が登場する商品は、タイトルなどに「人妻」や「熟女」と冠される。2000年代半ばからコンビニの雑誌棚には〝人妻〟〝熟女〟〝不倫〟という文字が溢《あふ》れていた。逆に、若い女性たちに冠される〝清楚〟〝美女〟〝女子大生〟という言葉は少なかった。

夫のリストラと精神疾患

所属する熟女デリヘルは「本デリ」と呼ばれる業態だ。違法である本番サービスを提供するので〝裏風俗〟ともいわれる。本番を提供することで一般のデリヘルと差別化され、集客やリピート客を掴むことが容易になる違法営業をする。東京・大塚、鶯谷《うぐいすだに》には中年女性を積極的に採用する本デリはたくさんあり、実際にたくさんの〝普通のお母さんたち〟がセックスを売っている。

美恵さんは今日も16時までの出勤だった。2人の男性客が付き、みっちりセックスを提供したという。

「主人はずっと工場で働いていました。突然、営業にまわされた。営業がやりたくないから工場で働いていたのに、できないことをやれと言われておかしくなりました。パワハラですよね。主人はパソコンがまったくできない。でも、できて当たり前という環境になって、上司にも年下の社員にも、そんなこともできないの？　みたいな。どんどん追い込まれて、退職勧告で詰められて精神疾患になって辞めました」

夫の年収は600万円ほど。裕福ではなかったが、貧しくもなく、普通に平穏に生活していた。夫は真面目、勤勉な性格で、その会社に専門学校卒で新卒入社、入社26年目に営業所へ移動となって1年間で壊れてしまった。

「一番キツそうなときは、帰ってきても何もしゃべらない。黙って晩酌していて、何を言っても返事をしない。そのうちにやっとしゃべりはじめると、ちょっともう泣きながらしゃべりが始まる。泣くんです。もう悔しいのと、自分が情けないのもあるのと、つらいのと、いろいろあったみたい。工場のときは係長的な立場で、そのうち工場長をやってもらうからってことで営業だったけど、実際はリストラだった。飛び込み営業をやらされて、まったく結果を出せなかったようでした」

夫は3歳年上。26歳で結婚し、28歳のときに娘を出産。一人娘は素直にすくすくと育ち、家庭はずっと円満だった。夫の精神疾患、リストラが一家に起こった初めての苦難で、しばらくどうしていいかわからなかった。

ずっと共稼ぎで10年以上、美恵さんは近所のスーパーで働いた。時給は最低賃金で、収入は毎月4万円ほど。夫は休養と療養が必要と診断され、すぐには働ける状態にならなかった。世帯年収は650万円（夫600万円＋妻50万円）から50万円になった。当時、子どもは高校1年生。大学進学に意欲があった。とても「行くな」とは言えない。美恵さんは、途方に暮れた。

5万円のギャラでAV出演

リストラされたとき、退職金を含めて貯金は500万円ほどだった。結局、夫は2年間以上も働くことができず、収入は半年間の失業保険だけ。スーパーのパートを増やしても、せいぜい月6万円程度にしかならなかった。毎月7万円の住宅ローンを支払い、普通に質素な生活をしているだけでも、どんどん貯金は減っていく。

「最終的にもうダメってなったのが、大学の受験費用と初年度納入金でした。130万円くらいで、それを払っても毎年授業料が110万円かかる。奨学金とか教育ローンとか、いろいろやりくりしても、まったくお金が足りない。スーパーのパートをしながら、いろんな求人を見たのですが、せいぜい時給が最低賃金から100円上がるくらい。40代の女に普通に生活できる仕事はまったくなくて、風俗しかないって思いました。娘の受験のことなので、2年前のちょうど今頃、AV出演したんですよ」

アダルトビデオの求人には年齢制限がなかった。メールで応募した。すぐに返信があって面接があり、全裸をチェックされて出演が決まった。ちなみにAV女優は裸が商品なので、面接の段階で全裸をチェックされる。

「パートしているスーパーは近所だったから、ちゃんと続けないと家族にバレちゃうじゃないですか。子どもも買い物に来るし。とりあえず、すぐにお金になる仕事ってことでのAV出演でした。〝夫がリストラされた奥さんが生活のために応募してきた。面接即ハメ〟って、そのままの設定でした」

AV女優の出演料はプロダクションから即金で支払われる。もらったお金は5万円だった。もう、だいぶ前からアダルトビデオの出演料は安く、リスクや労働量（セックス）の割にはお金にならない。初出演から10本くらいに出演し、出演料とパート代で生活をしのいだ。信用金庫の教育ローンでお金を借りて初年度納入金を支払った。家にひきこもっていた夫は、妻がアダルトビデオに出演していることは、まったく知らない。

「主人はネットもスマホも使わないのでバレないでしょう。スーパーのレジを続けても生活できない。AV出演しているときに夫がなんとか働き出して、自由が効くようになったので、風俗店を探して、大塚の熟女デリヘルで仕事をすることにしました。最初から本番店です。100分で1万4000円になる。一日一人付けばって仕事ですね。AVと本番店でセックスまみれではあるけど、夫には会社に就職したって伝えた。それから毎日、朝家を出て風俗店に出勤しています。夫のほうが朝が早いので、全然バレないまま今に至っていますね」

保険のセールスレディを掛け持ち

ずっと嘘をつきながらAV女優をしたが、裸になったり、セックスするよりも、家族に嘘をついているのが心苦しかった。娘の中学時代のママ友に誘われ、2年前から保険のセールスレディを始めている。セールスレディは固定給+出来高制で、勤務時間の拘束がない。風俗をしながら働けるのがよかった。

「実は風俗のお客さんに保険を勧めています。大手の保険会社なのでお客さんも話を聞いてくれるし、けっこう入ってくれる。肉体関係があると他人じゃないみたいに感じるみたいで、風俗で働いていることが保険でもプラスになっていますよ。始めたばかりの頃、新規の人数は支店のセールスレディのなかではけっこう上位で、上司に褒められました」

夫は宅急便の配送員の仕事を見つけた。家に月15万円を入れてくれるようになった。美恵さんは本デリでコンスタントに指名客を増やし、指名客に生命保険を勧めている。風俗で月25万円、セールスレディで月20万円程度を稼げるようになった。

「夫のリストラと大学学費がなかったら風俗はしなかった。けど、やってみると面白いですよ。性欲発散にもなるし。好きめのお客さんがぎゅーって抱きしめてくれるのが、いい。お客さんも奥さん相手に抱きしめるとか、もう恥ずかしくてできないから、喜んでくれるし」

世帯収入はリストラ前より増えた。少し無駄遣いができるくらいの生活ができている。娘の大学も、なんとか卒業をさせられそうだ。

ゴム付き2万円、生中出し3万円の「パパ活」

「そうそう、今必死になってカラダを売ってるの。パパ活ね」

佐藤玲緒奈（仮名／41歳）さんは、都立高校3年生の子どもを持つお母さんだ。SNSで知り合った女性で、取材したのは2020年末。「謝礼をもらえるならすぐ行きます！」と新宿まで来てくれた。性格の明るいグラマーな女性で、家族は48歳の夫と高校3年生の子どもがいる。3人の核家族だ。子どもの受験費用、大学進学費用を筆頭に、様々な経済的事情が重なって、慌てた様子で売春行為が目的のパパ活をしていた。

「パパ活を始めたのは先月。今実家にいるのね。ママ（母親）が私たちがいることで光熱費がかかるから、金を出せって。ママは先月、コロナで仕事がなくなって歩合なので収入がゼロなの。先月の給料がゼロ円だったから、居候しているお前が全部支払いしろって。そんなこと言われても、もうすぐ子どもの受験があるし、うちの生活もあるじゃないですか。どうにもならないので、パパ活やるしかないかなって」

パパ活サイトをメインに、複数の出会い系アプリや掲示板を使ってゴム付き2万円、生中出し3万円という価格で売春的行為をしていた。金持ちの男を探したり、愛人になったりなど、男女の駆け引きみたいなことをすることなく、マッチングした男性にメッセージ上で売春の報酬を提示し、待ち合わせてすぐにホテルに行く。終わったらすぐに別れ、ダブル、トリプルで男性に会う日もあるという。

「最初は出会い系サイトを使っていた。けど、そういう目的の男が少ないし、サイトの規約に引っかかっちゃう。相手の男の人に専門のパパ活サイトを教えてもらって、そこで見つけています。昨日も今日も、何人かとやりとりして、いくらくらい必要なのって聞かれて1週間以内に9万円って答えた。本当はそれに1月までに大学受験費用、3月には初年度納入金があるけど、まず目先の9万円の支払いができない」

光熱費とNHK受信料の引き落としが27日にある。今、家計の貯金はゼロ。財布には1万2000円しかない。パパ活は相手を見つける→オンラインで会話→価格交渉→移動→待ち合わせ→セックス→集金、とたくさんの過程がある。思ったよりも効率が悪く、ずっとスマホをいじっているという。

受信料支払いの期限が迫っている。今は一人待ち合わせができたら、同じ場所で時間をズラして2人、3人と会い、効率化することを試している。今日もこの取材が終わり次第、男性と会うらしい。この3週間はパパ活サイトで男が見つかれば、外見や年齢は問わずに会っている。

結婚18年目の夫婦の「事情」

「相手はお金くれれば、誰でもいい。ハゲとかデブでもやってる。何も考えないようにしているけど、やっている途中で現実に戻っちゃって、こいつめちゃハゲみたいな。相手を選んでいる時間はないので、めちゃすぐ金つくりたい。支払いを遅らせられないのがNHKと生命保険、それとママが生活苦でつくった消費者金融の金利の支払い。私のスマホ代は来月にまわせるけど、自分のクレジットカードとか。再来週にはお正月だし、子どもにひもじい思いをさせたくない。おせちも買う。めちゃ金がいるの」

師走に売春的行為をしまくる都立高校生のお母さん。子どもは真面目で運動部を引退し、今はずっと受験勉強をしている。しかし、自分自身も夫も母親も、みんな光熱費の支払いにも困るほどにお金がない。そして、最後の手段として玲緒奈さんがカラダを必死に売っていた。どうして、そんなことになるのか。事情を聞くことにした。

「普通に共稼ぎだったけど、今年の夏に私が体調を壊して手術したのね。ゆっくり休みたいって子どもを連れて実家に帰って、でも旦那に会いたくないので、まだ実家にいる感じ。旦那は48歳の現場作業員で生理的に嫌、すごく嫌い。マジで会いたくない。もう結婚生活は長いよ、18年目。子どもが17歳なので積もり積もるものもあるじゃないですか。非協力的だし、無神経だし、こうしたほうがいいって話し合いを重ねてきたけど、無理」

本気の口調で夫の悪口、愚痴が始まった。夫は中卒の現場作業員で、どちらかというと仕事はできないタイプのようだ。経営者の温情で30年間ずっと同じ工務店で働き、趣味は競馬と1円パチンコ。

「どうして生理的に嫌かというと、ダメ人間はおいておいても、心がない。具合悪くて寝ている私をわざわざ起こして、俺、これ以上頑張れないからオマエが働けよ、とか。天然って言ったらかわいいけど、ただただ無神経。なんで、そういうことを言うのって話をしても、どうして言われているかもわからない。できちゃった婚だから、夫を好きになったことは一度もないし、ずっと嫌、心から見下しています」

夫はギャンブルでだいたい負けるのでいつも機嫌が悪く、家では妻や子どもに当たり、一人でぶつぶつと仕事の愚痴をこぼしている。

「旦那がバカなので、私が頑張るしかない」

玲緒奈さんは高校時代、ヤマンバギャルだった。年齢と出身地、売春が当たり前のような話を聞いていてもしやと思ったが、そうだった。都内のギャルとギャル男しかいない都立高校に進学して、その高校では男子は毎日喧嘩、女子は化粧しながらパラパラを踊っていたという。高校近くの公園では誰かしら青姦していて、玲緒奈さんは授業に出ないで天サロ（屋上などでカラダを焼く）ばかりしていたので2

年に進級できなかった。

1990年代後半、ギャルやヤマンバギャルたちは刹那的に生きていて、今が楽しければいいということを徹底していた。彼女たちは今38歳〜42歳くらいである。

「そうそう、高校中退してフリーターになったのね。23歳のとき日サロでバイトして、客だった旦那にナンパされた。旦那はダサい部類のギャル男だよね。ナンパに引っかかったのは、乗っている車がカッコよかったから。暇だったし、まあいいかなってなっちゃった。旦那は全然似合わないアメ車に乗って、すごくバカだったから最初から嫌だった。ひと月くらい付き合って、適当に別れ話して縁を切ろうってときに妊娠しちゃった。だから、ナンパされただけのまったく知らないキモチ悪い人とこんな長く暮らしている自分はすごいなって、自画自賛しているの。この人は未来ないって、ナンパされた瞬間から思ったし、でも、覚悟決めて一緒になったからには頑張るしかないじゃないですか」

日サロでナンパされてから、夫のことを好きだと思ったことは一度もない。さらに、会った瞬間から未来がないと思っていたので、それが現実となっても自己責任と思っているようだ。嫌だなと思っているうちに、18年間が経ってしまったという。夫との生活はずっと我慢であり、苦行だった。我慢を続けたのはすべて子どものためである。

半年前、子どもが緊張した表情で「大学に進学したい」と言ってきた。夫はウンザリして、そんなのは絶対にダメだと怒鳴り出した。

「夫は、俺は中卒だけど、ちゃんと生きている。大学なんて必要ない、みたいなことを言い出した。もちろん、お金はないけど、無理って言えないじゃないですか。旦那がバカなのは仕方ないので、私が頑張るしかない。けど、旦那はお前の頭で大学行けるのって言ったり、まずお金を払いたくないってことが先にくる。お金を払うと、仕事しなきゃならないから。子どものことより、自分が怠けたいってことが必ず先にくるの。だから、発言が全部無責任。あのときああ言ったたって言っても、覚えてないいし。もう去年くらいから旦那が帰ってきて玄関が開く音がしたら、嫌で嫌で心臓が速くなったり。カラダが震えたりする。それくらい嫌なの」

「子どもが大学と言い出したとき、もう水商売しかない」

夫の月収は手取り30万円くらい。玲緒奈さんはずっと宅配便の配達のバイトをしていた。共稼ぎだったが、子どもが生まれてからずっと家賃を払って生活すれば、お金は綺麗になくなる。貯金はまったくない。

「旦那は16歳からずっと同じところで働いて、ほかの世界を知らない。それにすごくバカで、言っていることが伝わらないし、文章の理解力もないし、全体的に信じられないくらい頭がよくない。仕事辞めたいって私が入院する前に言ってきて、それでコロナになった。世の中、自粛で仕事を失っている人がたくさんいるのに、毎日途切れずに仕事があるだけでありがたくないですかって。そう話しても、通じない。それで、もう離婚しようって思ったの」

玲緒奈さんは子宮筋腫を患っていた。夫の収入だけでは生活ができないので、病院に行かないで無理して宅配便の配達を続けたことで悪化した。最終的にはまともに歩けないほどになって、病院に駆け込んで実家に帰っている。

「病院に行かなかったのは医療費がかかるから。だから限界まで手術を我慢して、もっと悪くなっちゃった。結局、夏に子宮を全摘する手術をした。貧血がすごくて、痛いし。手術直前は息もできない状態でした。体調崩したのは、もうだいぶ前ですよ。旦那が本当に無能だから自分で全部やるしかないって、気を張って生きていた。痛くても、麻痺させて、気にしないようにして。限界がきて一度病院に行ったとき、スーパーの袋を持てる体力もなかった」

そんなとき、子どもが大学進学したいと言い出した。そして、夫は仕事を辞めたいと騒ぎ出した。

「子どもはなんとか都立に入ってくれて勉強して頑張ってるんです。楽しそうに大学パンフレットとか持ってきて話をしてくる。私は大学とか全然わからないけど、行かせてあげたいじゃないですか。旦那には何も期待できないし、大学のこともあるし、だから退院した10月に宅配便を辞めて、熟女キャバクラに入ったんです。でも、キャバクラは全然向いてなかった」

子どもが大学と言い出したとき、もう水商売しかないと思った。東京郊外の時給2000円の熟女キャバクラに入店、初めての経験だった。

「普通にしゃべっているると水商売、向いていそうって言われるけど。嫌だって思う人が横にくると、一切しゃべれない。つまんない話をめちゃしてくる奴の、鼻をへし折りたいのに、聞かなきゃいけないのがキツかった。オヤジの自慢話がつまらなさすぎて、帰りとか電車で泣いてましたもん。マジきもくて。肩とかも組んできて。肩組むのはいいとして、そいつのくせにそんなことしてくるのが嫌。仕事はちゃんとやりたい、でもツラすぎた。つまんない話を聞いているのが無理だった」

お金がないから相手は選んでない

そして、先月さらに実家の母親から光熱費と受信料を払ってくれ、と言われた。進学費用どころか、もう、明日明後日の生きていくお金がない。パパ活サイトとアプリを使って売春的行為をするしか選択肢がなくなった。

「ゴムありで2で、生中出しで3。そんな感じ。しかも私、子宮ないじゃないですか。だから、取ってよかったと思って。股間の傷ってめちゃ小さい。男はわからない。子宮があるってことにして、中出しすると男は喜ぶ。大丈夫？　妊娠大丈夫？

みたいな。でも、子宮ないんだから妊娠するわけないじゃないですか。それでお金を取れるから、ラッキーだなって。今はお金がないから相手は選んでない。見た目はクソデブとかハゲでも、やる。あとは会話が弾む人だったらいいかな。容姿より、沈黙したり、細かい人が面倒くさい」

27日までに必要なのは、あと7万円。できれば、9万円は欲しい。夫とは絶縁状態なので、頑張って男を見つけて売春的行為をしても、すぐに生活費で消えてしまう。実際に今、財布に1万2000円しかない。なんとか1週間以内に中出しを4人見つけて、3人分を支払いにまわさないといけない。今日も52歳の男とこれから会ってホテルに行き、家に帰ったらパパ活サイトで客を見つける。話が終わってお礼を言うと、玲緒奈さんはすぐに男との待ち合わせ場所に向かっていった。

今NHKの受信料が払えないのに、再来月に1校3万5000円かかる受験費用、その翌月までに100万円を超える初年度納入金を準備するのはいくらなんでも無理だろう。学費減免や奨学金の審査も世帯ごとに行われる。実質的にひとり親の状態でも、離婚していないのですべて対象外である。慌てて売春する前に、夫と話し合って協力してもらって、子どもの大学進学という難局を夫婦で乗り切る必要がある。

9割以上の家庭が入学費用負担は「重い」

2021年2月の緊急事態宣言中、コロナ禍の女子大生風俗嬢、女子大生パパ活女子、大学生ホスト、大学生ウリ専ボーイ、大学生のお母さん、高校生のお母さんと、大学を取り巻くさまざまな人々の証言を聞いてきた。パパ活女子以外の全員に共通するのは、大学生活を送るためのお金に困り、右往左往した挙げ句、最終手段であるカラダを売っているということだ。

性的なことを扱うルポを書くと、必ず「特殊な一部を扱っているだけ」という批判がくる。しかし、夜の街や繁華街の風俗店、パパ活サイトの女性登録者は驚くほど女子大生ばかりだ。これは若者たちの倫理観が欠落しているわけではなく、国が衰退するなかで若者に皺寄《しわよ》せがいっていることが理由だ。女子学生の厳しい現状は風俗関係者や風俗客はみんな知っていることで、学生たちが勉強するために不特定多数の異性に性的行為を売るという悲惨な現実がある。

一時期、大学生のブラックバイトが社会問題となったが、勉強を続けるために不特定多数の異性に性的行為を売ることの深刻さは、ブラックバイトの低賃金やケーキや恵方巻を買わされるなどの労働法違反の比ではない。大前提として、彼女たちは見知らぬ中年男性の性的欲望の受け皿になることをやめて、平穏で楽しい学生生活に戻るべきだ。風俗嬢という職業の是非はここでは関係なく、その時間や精神的疲弊を、学業やサークル活動や恋愛に注いだほうがいいということだ。

女子大生風俗嬢たちの証言から経済的に苦しい理由を探ると、親の学費負担放棄や逃避が最も大きな理由だった。親が子どもの学費負担をできない、したくないのは収入減が背景にある。

どのような状況か見ていくと、令和元年の民間給与実態調査では平均年収は436万円、中央値が409万円。全世帯の所得平均値は552万3000円、中央値は437万円(厚生労働省調べ)となっている。中央値より少し高い世帯年収500万円世帯の手取りは400万円程度で、平均貯蓄額は40代694万円、中央値が

365万円（家計の金融行動に関する世論調査）。平均的な家庭では私立大学の初年度納入金約120万〜150万円、年間学費80万〜110万円程度を払えない、または払いたくないという状況だろう。

また、毎年行われている東京私大教連の調査（20年度）で、自宅外通学者への仕送り額が過去最低の月8万2400円だったことが発表された（21年4月）。仕送りから家賃を除いた一日あたりの生活は607円と最低記録を更新。さらに保護者は受験から入学までの費用の負担感について、92・2パーセントが「重い」と回答している。そのような状況のなかで大学進学を機会に子どもに自立を迫って、追い詰められた女子学生が価値を認められる風俗に流れるという現象が起こっている。

現実的な解決策は「自宅外通学」の断念

では、どうすればいいのか考えていこう。私立大学で500万〜600万円程度がかかる学費の総費用は、親と奨学金の借入れで負担するとして、自宅外での学生生活には家賃月6万4200円（東京私大教連調査による平均値）＋月8万円（生活保護最低生活費程度）＋月3万円（交通費、書籍代など）、総額で月17万4200円くらいはかかるだろうか。この費用を親が負担できない、またアルバイトで稼げないことで困窮が始まっている。

学生が普通のアルバイトで稼げるのは頑張って月8万円くらいか。東京私大教連の調査（2020年度）で自宅外学生の仕送り額（平均8万2400円）から家賃を除いた一日当たりの生活費は平均607円（月1万8200円）なので、現在の平均的な仕送り額だと、総額数百万円の学費全額の負担＋アルバイトを途切れることなくフルで頑張り、ようやく生活保護並みの生活ができるということになる。仕送りがない場合は、毎月9万4200円が足りないことになる。この金額のマイナスが解消しない限り、女子学生の風俗、パパ活、男子学生の夜職、犯罪加担は止まらない。ちなみに親世代が大学生だった1990年は、自宅外学生の仕送り額から家賃を除いた生活費は一日2500円を超えていた。

性暴力を日常として生きる女子大生風俗嬢の誕生を阻止するため、圧倒的にお金が足りていない現状を矯正する必要がある。収入を増やすか、もしくは支出を減らして解決しなければならない。現状、収入を増やすために風俗やパパ活を選択しているので、支出を減らすことを考える。学費軽減、家賃負担減が必要だろう。現実的な解決策は「自宅外通学を断念する」しかないか。誰も負担する人がいない月9万4200円の軽減を実現するには、自宅から通える大学に行くしかない。

風俗嬢をしてでも東京や大阪、京都で学生生活を送りたい、という地方出身の女の子たちは多いだろう。しかし、4年間という長期間、中年男性たちの性欲の受け皿になること、そして中年男性の精液を浴びる生活のQOL(生活の質)はきわめて低く、本当に厳しいことは伝えておきたい。

地獄のような精神的負担に加え、恋愛や結婚、就職やその後の社会人生活に悪影響を及ぼす可能性がある。

また「苦学生」が美化された時代に生きた親たちも、月9万4200円を負担できないならば、自宅外通学を断固として認めないべきである。娘に風俗や売春、パパ活をさせたくないならば、負担の発生しない自宅からの通学にこだわるべきなのだ。

本書は小社より2021年5月に刊行した宝島社新書『女子大生風俗嬢 性とコロナ貧困の告白』を改訂、再編集したものです。

宝島SUGOI文庫

ルポ 女子大生風俗嬢
（るぽ じょしだいせいふうぞくじょう）

2024年1月1日　第1刷発行

著　者　中村淳彦
発行人　蓮見清一
発行所　株式会社 宝島社
〒102-8388　東京都千代田区一番町25番地
電話:営業 03(3234)4621／編集 03(3239)0927
https://tkj.jp
印刷・製本　株式会社広済堂ネクスト

First published 2021 by Takarajimasha, Inc.
ISBN 978-4-299-05044-1